Pavement Performance Evaluation and Modern Detection Technologies and Applications

陆 键 蒋愚明 郎 洪 丁 朔 娄月新 陈圣迪 著

路面综合性能评价与现代检测技术及应用

同济大学出版社
TONGJI UNIVERSITY PRESS
·上海·

图书在版编目(CIP)数据

路面综合性能评价与现代检测技术及应用 / 陆键等著. -- 上海：同济大学出版社，2023.8

ISBN 978-7-5765-0874-1

Ⅰ.①路… Ⅱ.①陆… Ⅲ.①路面-评价 ②路面-检测 Ⅳ.①U416.2

中国国家版本馆 CIP 数据核字(2023)第 132027 号

路面综合性能评价与现代检测技术及应用

陆 键 蒋愚明 郎 洪 丁 朔 娄月新 陈圣迪 著

责任编辑 陆克丽霞 **责任校对** 徐春莲 **封面设计** 陈益平

出版发行 同济大学出版社 www.tongjipress.com.cn

(地址：上海市四平路 1239 号 邮编：200092 电话：021-65985622)

经　销 全国各地新华书店

制　作 南京月叶图文制作有限公司

印　刷 江苏句容排印厂

开　本 787 mm×1092 mm 1/16

印　张 8.5

字　数 212 000

版　次 2023 年 8 月第 1 版

印　次 2023 年 8 月第 1 次印刷

书　号 ISBN 978-7-5765-0874-1

定　价 58.00 元

前言

随着我国公路建设里程不断增加，我国道路交通网络基本建成，“五纵五横”综合运输大通道基本贯通。截至2022年年底，全国公路里程为535.48万km，高速公路里程为17.73万km，稳居世界首位。为进一步提高公路交通运输的社会经济效益，我国在公路建设快速发展的同时，逐渐意识到优化公路交通运营管理、加强路面养护管理、提升道路服务水平的重要性。2022年，我国公路养护里程为535.03万km，占公路里程比重为99.9%。由此可见，我国公路正逐渐进入病害爆发期，相关单位将面临公路集中养护、大修和改造的压力，路面质量状况检测任务极为艰巨，路面养护管理工作面临严峻考验。

2018年4月，交通运输部印发了《公路养护工程管理办法》，要求进一步加强和规范公路养护工程管理，提高养护质量和效益，鼓励运用自动化快速检测技术开展道路检测工作。因此，为了更好地在行业内普及现代化的路面质量状况检测技术，促使行业内从业者了解相关检测技术的理论、应用场景和发展前景，掌握路面质量状况评定的基本原理和方法，笔者研究团队结合三十余年的研发、生产和应用经验，针对路面综合性能评价与现代检测技术及应用领域的相关科学技术和应用实践等问题进行了系统描述和回答。

公路养护管理工作日趋重要，公路技术状况的高效检测与准确评价已成为公路科学养护的重中之重。公路技术状况检测和评定主要包含四部分内容，分别是路基、路面、桥隧构造物和沿线设施。其中，路面技术状况检测和评定主要包括路面损坏、平整度、车辙、磨耗（构造深度）、跳车、抗滑性能（横向力系数）和结构强度（弯沉）等。通过路面检测技术能够获取包括路面病害类型、数量、几何参数等在内的道路特征，从而有助于进一步评定道路的损坏程度和技术状况，为道路的建设、管理、养护和运输提供数据参考和重要依据。回顾历史，路面检测技术的发展主要经历了三个阶段：从早期传统的人工检测到20世纪末的半自动化检测，再到当前的无损自动化检测。在实际生产生活中，人工检测和半自动化检测存在检测效率低、安全隐患大、影响交通运行、结果主观性强和不利于周期性检测等缺陷。特别地，我国交通运输行业正积极倡导绿色低碳，推进交通可持续发展。面对大规模、高强度的道路养护管理工作，人工检测和半自动化检测显然无法满足需求。因此,研发新技术、开发新装备,实现智能、准确、高速、无损的路面质量状况自动化检测和评定已成为道路养护管理的关键所在。

路面技术状况检测技术和评定方法一直在不断地发展和完善中,本书归纳总结了路面技术状况检测技术和评定方法的发展历程,详细阐述了路面的纵断面和横断面、路面损坏及道路桥头沉降等方面的检测技术在不同发展阶段的技术原理、实践应用和评定方法,并针对目前先进的三维检测技术、人工智能技术和资产管理技术在路面检测领域的研究及应用进行了说明和解析,进而提出路面技术状况评定及检测技术的发展趋势和发展方向。以平整度、车辙、抗滑性能和路面损坏为例进行简要说明。路面平整度检测以断面类检测技术和响应类检测技术为主,采用颠簸累积仪和激光路面平整度仪实现路面平整度的自动化检测,其中如何实现变速和随时停车情况下的路面平整度精确检测是平整度检测科学研究和技术发展的重点。对于路面车辙,目前采用横向布置的激光、超声和红外等非接触位移传感器来检测路面横断面,实现了利用激光和数字图像进行非接触自动化检测的目的,其中如何利用密集的车辙断面值进行路面变形类病害(如坑槽、拥包与沉陷等)的检测和评价是今后的研究重点。对于路面抗滑性能,可以通过测量路面构造深度来进行检测,目前常用的方法有铺砂法、排水测定法、数字图像法和激光断面检测法,实现了利用激光和数字图像技术进行非接触自动化检测的目的,而高精度与强通用性是未来路面构造深度检测的发展方向。就路面损坏检测而言,由于病害本身的形成机理复杂且形态多样,因此目前还停留在人工检测和基于人工辅助检测的半自动化检测(二维检测技术)阶段。其中,二维路面损坏检测是以人工辅助的方式,筛选道路(灰度)图像并进行病害标注分析的一种检测方法,是目前我国主流的路面损坏检测方法,普及率高,但自动化率低。此外,由于路面情况复杂,加之纹理、阴影、异物等干扰因素的存在,该检测方式很难分辨病害类型,极易造成漏检和误判,同时基于单一的病害灰度特征信息无法实现全自动、大规模、高强度的路况检测工作。因此,改变检测模式、开展基于人工智能的三维路面损坏自动化检测将是路面损坏检测未来的发展方向。与此同时,随着路面检测技术的不断革新,路面技术状况评定方法也将得到进一步完善。

本书的主要内容包含五个部分(图 1):第一部分为前言,主要对本书撰写的目的、定位、意义和主要内容进行概述;第二部分对路面技术状况评定方法及检测技术进行了宏观层面的概述,包括第 1 章面向公路养护的路面检测技术分类、第 2 章路面技术状况评定指标体系;第三部分介绍不同路面技术状况的检测技术和评定方法,包括第 3 章路面纵断面检测技术及状况评定、第 4 章路面横断面检测技术及状况评定、第 5 章路面损坏检测技术及状况评定、第 6 章道路桥头沉降检测技术及状况评定;第四部分介绍先进的三维检测技术、人工智能技术和资产管理技术在路面检测、养护领域的研究与应用，并从系统应用角度介绍了典型检测系统的性能指标和检定方法，具体包括第7章三维检测技术应用于路面技术状况评定、第8章人工智能技术应用于路面损坏分类和辨识、第9章典型路面检测系统性能汇总和评价指标、第10章路面质量数据资产管理信息系统和平台；第五部分为结语，主要阐述未来路面技术状况评定及检测技术的发展方向。

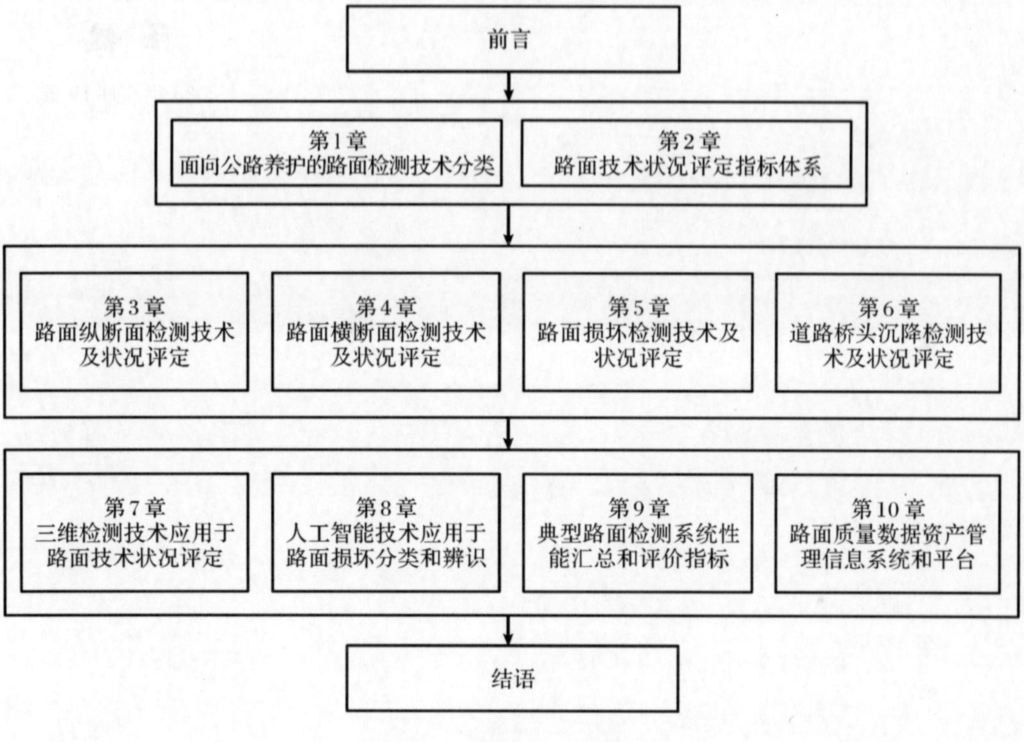

图1　各章知识点关联

本书由陆键教授及其带领的研究团队共同撰写。陆键教授是国家海外高层次人才引进计划入选者、教育部长江学者特聘教授，*Journal of Transportation Safety & Security* 副主编，美国交通运输研究委员会（Transportation Research Board，TRB）道路接入管理委员会委员，曾任同济大学交通运输工程学院院长、第八届中国公路学会常务理事，多年来在智能化路面检测、智能运输系统、交通安全、交通管理与规划等领域从事教学和科研工作。在美国主持了70余项由美国联邦政府和州政府资助的交通运输研究课题，在中国主持过近百项交通运输研究课题，出版学术专著8部，在国际一流期刊发表学术研究论文200余篇，主持和参与制定了十余部相关交通行业的地方技术标准和规范。

本书在撰写过程中还得到了许多研究生的帮助，具体有张萌、刘力乾、王艾迪、陈震、王康、温添、原野、陈江、邹政等，他们主要负责科学研究和技术研发工作。同时，书中还参考了国内外许多专家、学者的文献与著作，引用了其中的观点和结论，在此一并表示感谢。本书可作为相关领域的科研人员及工程技术人员的参考用书。

由于作者水平有限，书中难免存在不足，敬请广大读者批评指正。

陆 健

2023 年 6 月 19 日

目录

第1章
面向公路养护的路面检测技术分类

1.1 公路路面养护管理的现状及基本问题

自古以来，公路养护这个概念一直都存在。自20世纪70年代以来，我国经济飞速发展，同时也带动了公路发展进程的不断加快，我国的公路网越来越发达，涉及地区越来越广泛。一条公路需要的不仅是竣工时美观的线形和过硬的质量，还需要强大的后续养护措施。目前，我国已建立了一些路面质量检测和评价体系，但总的来说，实力还较弱。特别是在一些偏远地区，地域环境因素复杂，公路数量少但使用率很高，公路路面养护工作难度很大。

在公路建设完成之后要加强养护管理，充分利用好各种资源，为居民出行提供更加安全的道路环境。随着我国公路建设事业不断发展，公路路面工程项目数量越来越多，涉及的地区也越来越广泛，尤其是当一些公路工程经过的地域环境比较复杂时，在养护管理过程中，各项工作就会比较繁杂。当前公路路面工程的建设和养护管理仍存在一些问题，主要体现在以下几个方面：

(1) 缺乏专业养护队伍。当前公路路面养护过程中缺乏高素质的人才队伍。由于公路路面养护属于公路管理部门的工作，在公路管理部门中，管养专业化队伍仍然比较缺乏。当前很多公路路面养护人员没有接受过正规的养护管理培训，这使得他们在日常工作中缺乏必要的工作技能，最终导致在公路路面养护过程中无法加强对技术的控制。

(2) 公路路面工程养护管理的意识不足。当前，不仅很多公路管理部门的管理者以及工作人员对公路路面工程养护管理存在一些认识上的偏差，而且很多管理者对公路路面工程的养护管理意识不够，因此对于相应的制度建立的重视程度就不够，也没有积极加强公路路面工程养护管理的投入。

(3) 缺乏养护质量检测。在对公路路面进行养护时，加强对各种养护工作的检测是确保公路路面养护工作得到落实的一条有效途径。在当前的公路部门中，尚缺乏一支高素质的检测队伍，以对公路质量检测结果进行有效分析，这便导致公路路面的养护没能按照一个统一的标准进行。比如，大多数公路路面在养护过程中都只是解决表面问题，而对于公路路面的整体结构、连接处的问题等关注不够，也没有按规定进行养护，因此公路路面的养护质量会受到一定影响。

(4) 公路路面养护管理过程中的责任体系不够健全。在公路路面养护管理过程中,由于公路管理部门没有落实具体责任,因此一些地区的公路路面得不到有效的养护管理,而有的则出现养护管理过剩的情况,导致相关资源分配不均。

1.2 公路路面检测技术

在《公路技术状况评定标准》(JTG 5210—2018)中,主要有五个技术指标:一是路面损坏状况指数(PCI)①,二是路面行驶质量指数(RQI)②,三是路面结构强度指数(PSSI)③,四是路面抗滑性能指数(SRI)④,五是路面车辙深度指数(RDI)⑤。通过对这五个技术指标进行评定,不仅可以对公路路面的行驶情况有更加充分的了解,也能为养护工作提供更多的依据,从而提高公路工程的安全性。

1. 路面损坏状况检测

分析路面状况是公路路面养护质量检测最基础也是最关键的一个方面,主要而言就是对路面的破损状况进行检测,路面损坏状况指数(PCI)是反映路面基本使用情况最直观的指标。路面状况检测大致有两种方法:一种是自动化的快速检测方法;另一种是人工检测方法。两种方法各有利弊,不过一般情况下,还是自动化检测的使用频率更高。

2. 路面行驶质量检测

路面行驶质量指数(RQI)是反映路面使用性能的重要指标之一。它不仅体现了公路路面的平整程度,也反映了车辆在该公路上行驶时的能耗。现在常用的平整度检测方法有断面测试类(采用的设备如三米直尺、精密水准仪、激光断面仪等)和间接反映类(采用的设备如颠簸累积仪、连续式平整度仪等)。遇到实际情况,需要结合路段的特点和周围地形环境进行分析,再选择恰当的操作。

3. 结构强度检测

对于公路工程项目而言,结构强度是较为关键的一项基本指标,而道路弯沉也是表征路面结构强度指数(PSSI)的一个重要技术指标,它是公路建成验收和后续养护工作中必须测量的指标。对公路工程进行弯沉检测主要采用落锤式弯沉仪或激光自动弯沉仪两种设备。

4. 路面抗滑能力检测

路面抗滑性能指数(SRI)是指在急刹车或恶劣天气状况下的刹车制动情况,它表征车

① PCI:Pavement Surface Condition Index。
② RQI:Pavement Riding Quality Index。
③ PSSI:Pavement Structure Strength Index。
④ SRI:Pavement Skidding Resistance Index。
⑤ RDI:Pavement Rutting Depth Index。

辆在道路上行驶时的安全性和可靠性。针对路面抗滑性能进行检测主要采用的设备有SCRIM 横向力系数测试车和测量摆值的摆式仪。

5. 路面车辙深度检测

我国大多数公路路面的材质是沥青，在各类车辆的连续碾压下，车辙成为路面的主要损坏方式之一。车辙的存在会使公路的使用寿命严重缩短，还会对驾驶员的生命安全造成极大的危险。对于路面车辙深度指数(RDI)的检测有两种方式：直尺测量和车辙快速检测装置检测。

1.3　公路路面养护质量控制措施

在进行公路路面养护的过程中，必须要对养护质量进行有效的检测，即采用路面养护质量相关检测技术进行检查和养护，从而提高公路路面的性能。在具体的检测过程中，应该对质量检测标准加以完善，在实施路面养护检测的时候，要按照相应的标准执行，并对检测到的问题进行有效解决。另外，还应提高公路路面养护管理人员的综合能力。对于公路路面的养护管理而言，提高相关人员的技术水平和养护管理水平是促进公路路面质量提升的重要措施。公路路面养护管理单位应定期对养护管理人员和技术人员进行培训，可以从具体的养护管理技术、公路路面养护质量检测技术等方面着手，以提高公路路面养护管理人员及技术人员的综合能力，从而使得公路路面养护管理工作能够按照一定的标准进行，并切实解决各种公路路面损坏问题。

随着公路工程建设项目越来越多，在公路使用过程中，为了延长公路的使用寿命，必须加强公路养护管理，提高公路工程质量。路面养护是公路养护过程中的主要内容，在进行养护时要加强对各种检测技术的控制，尤其是对一些基本参数进行检测，以提高公路路面的养护水平。同时，针对当前的养护工作现状，加强培养管理者的公路养护意识，从而提高公路的整体质量。

第 2 章 路面技术状况评定指标体系

2.1 公路路面技术状况评定指标体系

2.1.1 公路技术状况评定

根据我国交通运输部的要求，2019 年 5 月 1 日起正式实施《公路技术状况评定标准》(JTG 5210—2018)。此标准对公路技术状况的检测与评定方法作出了相应规定，将公路技术状况的评定分为四部分内容：路基、路面、桥隧构造物和沿线设施，分别采用路基技术状况指数(SCI)、路面技术状况指数(PQI)、桥隧构造物技术状况指数(BCI)和沿线设施技术状况指数(TCI)表征，而总体公路技术状况采用公路技术状况指数(MQI)表征。公路技术状况指标体系如图 2-1 所示。

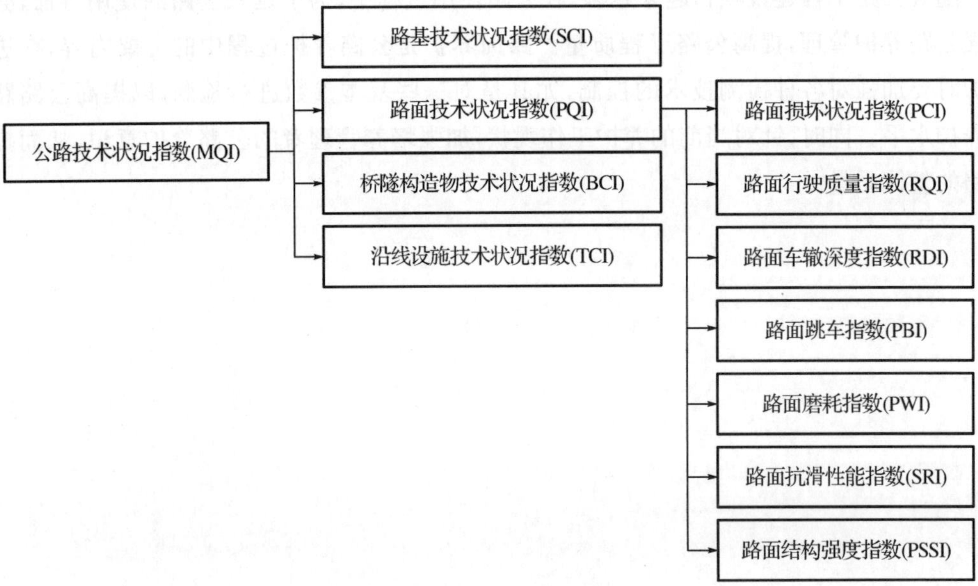

图 2-1 公路技术状况指标体系

图中：MQI——公路技术状况指数(Highway Maintenance Quality Indicator)；
SCI——路基技术状况指数(Subgrade Condition Index)；
PQI——路面技术状况指数(Pavement Maintenance Quality Index)；
BCI——桥隧构造物技术状况指数(Bridge，Tunnel and Culvert Condition Index)；
TCI——沿线设施技术状况指数(Traffic Facility Condition Index)；
PCI——路面损坏状况指数(Pavement Surface Condition Index)；
RQI——路面行驶质量指数(Pavement Riding Quality Index)；
RDI——路面车辙深度指数(Pavement Rutting Depth Index)；
PBI——路面跳车指数(Pavement Bumping Index)；
PWI——路面磨耗指数(Pavement Surface Wearing Index)；
SRI——路面抗滑性能指数(Pavement Skidding Resistance Index)；
PSSI——路面结构强度指数(Pavement Structure Strength Index)。

公路技术状况指数 MQI 与各指标的关系按式(2-1)计算：

$$MQI = w_{\mathrm{SCI}} SCI + w_{\mathrm{PQI}} PQI + w_{\mathrm{BCI}} BCI + w_{\mathrm{TCI}} TCI \tag{2-1}$$

式中　w_{SCI}——SCI 在 MQI 中的权重，取值为 0.08；
w_{PQI}——PQI 在 MQI 中的权重，取值为 0.70；
w_{BCI}——BCI 在 MQI 中的权重，取值为 0.12；
w_{TCI}——TCI 在 MQI 中的权重，取值为 0.10。

同时，《公路技术状况评定标准》(JTG 5210—2018)将公路技术状况和各分项指标分为优、良、中、次、差五个等级，相关划分标准见表 2-1。

表 2-1　公路技术状况和各分项指标等级划分标准

评定指标	优	良	中	次	差
MQI	≥90	≥80，<90	≥70，<80	≥60，<70	<60
SCI，*PQI*，*BCI*，*TCI*	≥90	≥80，<90	≥70，<80	≥60，<70	<60
PCI，*RQI*，*RDI*，*PBI*，*PWI*，*SRI*，*PSSI*	≥90	≥80，<90	≥70，<80	≥60，<70	<60

需要额外说明的是，上述划分标准中，高速公路的路面损坏状况指数(PCI)等级划分标准，“优”应为 $PCI \geqslant 92$，“良”应为 $80 \leqslant PCI < 92$，其他保持不变；水泥混凝土的路面行驶质量指数(RQI)等级划分标准，“优”应为 $RQI \geqslant 88$，“良”应为 $80 \leqslant RQI < 88$，其他保持不变。

2.1.2　路面技术状况评定

由式(2-1)可知，在公路技术状况指数(MQI)计算过程中，权重占比最大的是路面技术状况指数(PQI)，同时，为了掌握路面状况，选择针对性的养护措施，制定相关养护政策，规划养护项目和编制养护计划，进行路面大、中、小修或路面改扩建等都需要对路面技术状况进行调查和评定。因此，从权重规定和工程需求两方面来看，对路面技术状况评定进行详细划分与规定是十分必要的。《公路技术状况评定标准》(JTG 5210—2018)中将路面技术状况评定分为路面损坏、路面平整度、路面车辙、路面跳车、路面磨耗、路面抗滑性能和路面结构强度七项内容，并分别用路面损坏状况指数(PCI)、路面行驶质量指数(RQI)、路面车辙深度指数(RDI)、路面跳车指数(PBI)、路面磨耗指数(PWI)、路面抗滑性能指数(SRI)和路面结构强度指数(PSSI)表征(图 2-1)。路面技术状况指数(PQI)与上述 7 个指标的关系按式(2-2)计算：

$$PQI = w_{PCI}PCI + w_{RQI}RQI + w_{RDI}RDI + w_{PBI}PBI + w_{PWI}PWI + w_{SRI}SRI + w_{PSSI}PSSI \tag{2-2}$$

式中 w_{PCI}——PCI 在 PQI 中的权重，按表 2-2 的规定取值；
w_{RQI}——RQI 在 PQI 中的权重，按表 2-2 的规定取值；
w_{RDI}——RDI 在 PQI 中的权重，按表 2-2 的规定取值；
w_{PBI}——PBI 在 PQI 中的权重，按表 2-2 的规定取值；
w_{PWI}——PWI 在 PQI 中的权重，按表 2-2 的规定取值；
w_{SRI}——SRI 在 PQI 中的权重，按表 2-2 的规定取值；
w_{PSSI}——$PSSI$ 在 PQI 中的权重，按表 2-2 的规定取值。

表 2-2 *PQI* 各分项指标权重

路面类型	权重	高速公路、一级公路	二、三、四级公路
沥青路面	w_{PCI}	0.35	0.60
	w_{RQI}	0.30	0.40
	w_{RDI}	0.15	—
	w_{PBI}	0.10	—
	$w_{SRI}(w_{PWI})$	0.10	—
	w_{PSSI}	—	—
水泥混凝土路面	w_{PCI}	0.50	0.60
	w_{RQI}	0.30	0.40
	w_{PBI}	0.10	—
	$w_{SRI}(w_{PWI})$	0.10	—

如表 2-2 所列，采用式(2-2)计算 *PQI*，当涉及路面抗滑性能评定时，路面抗滑性能指数(SRI)和路面磨耗指数(PWI)任选其一，路面结构强度指数(PSSI)不参与路面技术状况指数(PQI)的评定。

当具体检测时，上述路面技术状况的各评价指标所采用的具体检测指标分别为路面破损率 DR(Pavement Distress Ratio)、国际平整度指数 IRI(International Roughness Index)、路面车辙深度 RD(Pavement Rutting Depth)、路面跳车 PB(Pavement Bumping)、路面构造深度 MPD(Pavement Mean Profile Depth)、横向力系数 SFC(Sideway Force Coefficient)和路面弯沉 l，经《公路技术状况评定标准》(JTG 5210—2018)所规定的理论模型计算后即可分别得到 PCI、RQI、RDI、PBI、PWI、SRI 和 PSSI。各项路面技术状况所对应的检测指标和评价指标如图 2-2 所示。

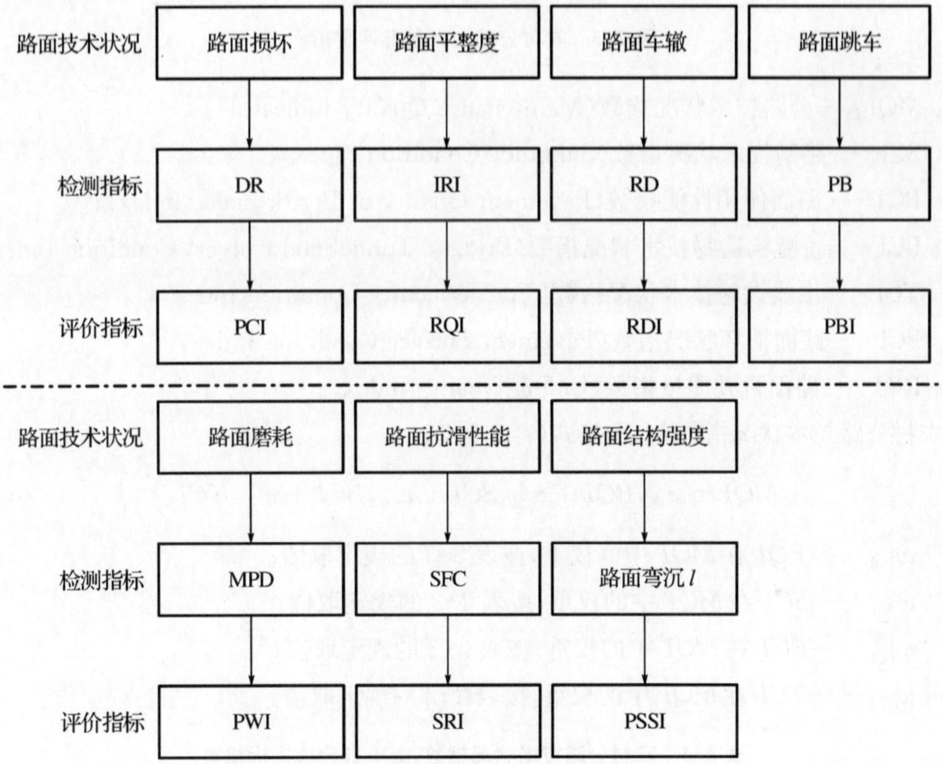

图 2-2　路面技术状况检测指标与评价指标关系

2.2　农村公路技术状况评定指标体系

2.2.1　农村公路技术状况评定

国家有关部门目前尚未出台有关农村公路技术状况的评价标准，本节采用江苏省出台的地方标准《江苏省农村公路技术状况评定标准》作为主体依据展开介绍。依据此标准，农村公路技术状况评定采用公路技术状况指数 MQI(Maintenance Quality Indicator)和相应分项指标表示，包含路基、路面、桥隧构造物和沿线设施四部分内容，评定指标见图 2-3。

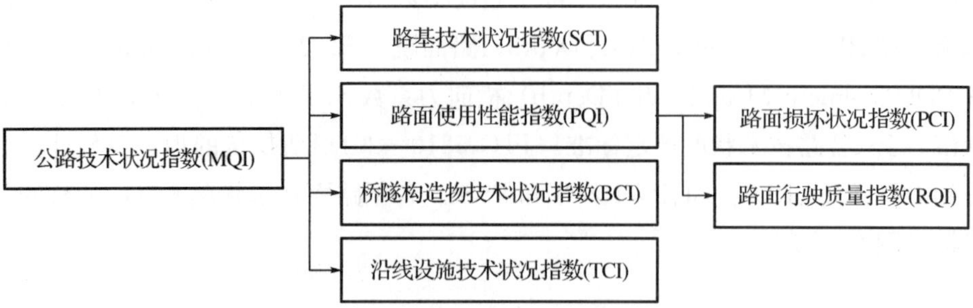

图 2-3　农村公路技术状况评定指标

图中：MQI——公路技术状况指数(Maintenance Quality Indicator)；
SCI——路基技术状况指数(Subgrade Condition Index)；
PQI——路面使用性能指数(Pavement Quality or Performance Index)；
BCI——桥隧构造物技术状况指数(Bridge，Tunnel and Culvert Condition Index)；
TCI——沿线设施技术状况指数(Traffic-facility Condition Index)；
PCI——路面损坏状况指数(Pavement Surface Condition Index)；
RQI——路面行驶质量指数(Riding Quality Index)。

农村公路技术状况指数 *MQI* 按式(2-3)计算：

$$MQI = w_{\mathrm{PQI}}PQI + w_{\mathrm{SCI}}SCI + w_{\mathrm{BCI}}BCI + w_{\mathrm{TCI}}TCI \tag{2-3}$$

式中　w_{PQI}——*PQI* 在 *MQI* 中的权重，按表 2-3 的规定取值；
w_{SCI}——*SCI* 在 *MQI* 中的权重，按表 2-3 的规定取值；
w_{BCI}——*BCI* 在 *MQI* 中的权重，按表 2-3 的规定取值；
w_{TCI}——*TCI* 在 *MQI* 中的权重，按表 2-3 的规定取值。

表 2-3　农村公路技术状况指数 *MQI* 各分项指标权重

权重	农村公路
w_{PQI}	0.50
w_{SCI}	0.15
w_{BCI}	0.20
w_{TCI}	0.15

农村公路技术状况评定分为优、良、中、次、差五个等级，按表 2-4 的规定确定。以优等路、良等路里程占实际评定养护里程的百分比，即“优良路率”作为评定技术状况和养护质量的补充指标，优良路率的计算公式见式(2-4)：

$$优良路率 = \frac{\sum 优等路里程(\mathrm{km}) + \sum 良等路里程(\mathrm{km})}{实际评定养护里程(\mathrm{km})} \times 100\% \tag{2-4}$$

表 2-4　农村公路技术状况评定标准

评定等级	优	良	中	次	差
MQI 及各级分项指标	≥90	≥80，<90	≥70，<80	≥60，<70	<60

2.2.2　农村公路路面技术状况评定

农村公路路面技术状况采用路面使用性能指数(PQI)表征，包含路面损坏和平整度两项技术内容，其中，沥青路面损坏包括龟裂、纵向裂缝、横向裂缝、坑槽、沉陷和拥包六种病害，水泥混凝土路面损坏包括破碎板、裂缝、错台、拱起、沉陷、坑洞和接缝料损坏七种病害。

路面使用性能指数 *PQI* 按式(2-5)计算：

$$PQI = w_{PCI}PCI + w_{RQI}RQI \tag{2-5}$$

式中　w_{PCI}——*PCI* 在 *PQI* 中的权重，按表 2-5 的规定取值；

w_{RQI}——*RQI* 在 *PQI* 中的权重，按表 2-5 的规定取值。

表 2-5　农村公路 ***PQI*** 各分项指标权重

路面类型	权重	农村公路
沥青路面	w_{PCI}	0.60
	w_{RQI}	0.40
水泥混凝土路面	w_{PCI}	0.60
	w_{RQI}	0.40

2.3　城镇道路路面技术状况评定指标体系

2.3.1　路面技术状况评价体系

2016 年发布的《城镇道路养护技术规范》(CJJ 36—2016)对城镇道路(分沥青路面和水泥混凝土路面)的技术状况评定作出了规定。沥青路面技术状况评价内容包括路面行驶质量、路面损坏状况、路面结构强度、路面抗滑能力和综合评价，相应的评价指标为路面行驶质量指数(RQI)、路面状况指数(PCI)、路面回弹弯沉值、抗滑系数(BPN①、TD② 或 SFC③)和路面综合评价指数(PQI)。城镇道路沥青路面技术状况评价体系如图 2-4 所示。

---

① BPN：British Pendulum Number，摆值。

② TD：Texture Depth，构造深度。

③ SFC：Sideway Force Coefficient，横向力系数。

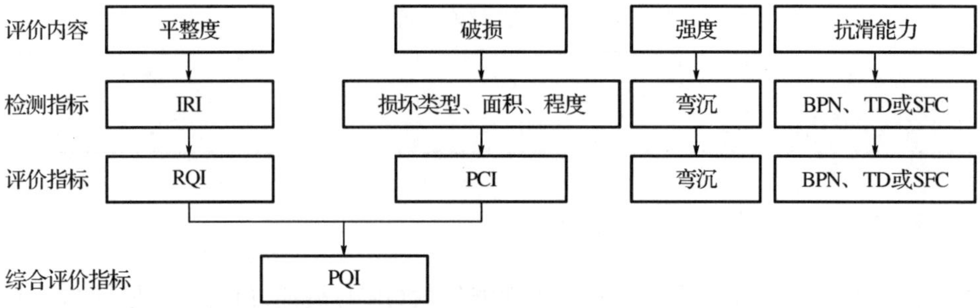

图 2-4　城镇道路沥青路面技术状况评价体系

水泥混凝土路面技术状况评价内容应包括路面行驶质量、路面损坏状况和综合评价，相应的评价指标为路面行驶质量指数(RQI)、路面状况指数(PCI) 和路面综合评价指数(PQI)。城镇道路水泥混凝土路面技术状况评价体系如图 2-5 所示。

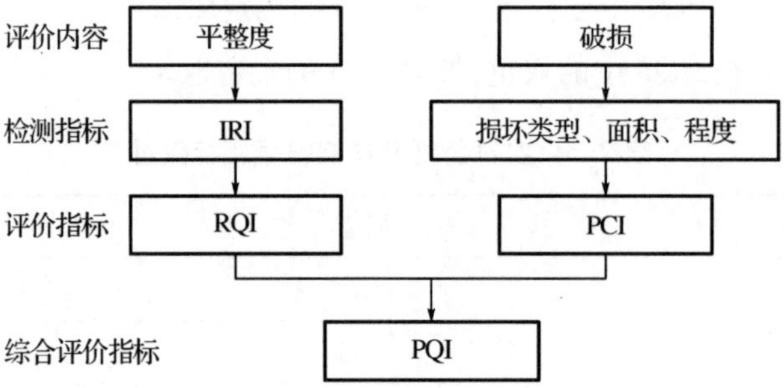

图 2-5　城镇道路水泥混凝土路面技术状况评价体系

沥青路面和水泥混凝土路面的综合评价指数 PQI 按式(2-6)计算,并应符合表 2-6 的规定。

$$PQI = T \times \omega_1 \times RQI + PCI \times \omega_2 \tag{2-6}$$

式中　PQI——路面综合评价指数,数值范围为 0～100。

T——RQI 分值转换系数,T 取值为 20。

ω_1、ω_2——RQI 和 PCI 的权重,对于快速路或主干路,ω_1 和 ω_2 的取值分别为 0.6 和 0.4；对于次干路或支路,ω_1 和 ω_2 的取值分别为 0.4 和 0.6。

表 2-6　城镇道路沥青路面和水泥混凝土路面综合评价标准

评价指标	A 级			B 级		
	快速路	主/次干路	支路	快速路	主/次干路	支路
PQI	[90, 100]	[85, 100]	[80, 100]	[75, 90)	[70, 85)	[65, 80)
评价指标	C 级			D 级		
	快速路	主/次干路	支路	快速路	主/次干路	支路
PQI	[65, 75)	[60, 70)	[60, 65)	[0, 65)	[0, 60)	[0, 60)

2.3.2　分项指标评价

城镇道路沥青路面和水泥混凝土路面行驶质量评价应根据路面行驶质量指数(RQI)或国际平整度指数(IRI),将城镇道路路面行驶质量分为 A、B、C、D 四个等级,相应的评价标准应符合表 2-7 的规定。

表 2-7　城镇道路沥青路面和水泥混凝土路面行驶质量评价标准

评价指标	A 级			B 级		
	快速路	主/次干路	支路	快速路	主/次干路	支路
RQI	[4.10, 4.98]	[3.60, 4.98]	[3.40, 4.98]	[3.60, 4.10)	[3.00, 3.60)	[2.80, 3.40)
IRI	[0, 2.60]	[0, 4.10]	[0, 4.60]	(2.60, 4.10]	(4.10, 5.70]	(4.60, 6.60]
评价指标	**C 级**			**D 级**		
	快速路	主/次干路	支路	快速路	主/次干路	支路
RQI	[2.50, 3.60)	[2.40, 3.00)	[2.20, 2.80)	[0, 2.50)	[0, 2.40)	[0, 2.20)
IRI	(4.10, 7.30]	(5.70, 7.80]	(6.60, 8.30]	(7.30, 20.00]	(7.80, 20.00]	(8.30, 20.00]

城镇道路沥青路面和水泥混凝土路面的损坏状况评价标准应根据路面状况指数(PCI),将道路路面损坏状况分为 A、B、C、D 四个等级,相应的评价标准应符合表 2-8 的规定。

表 2-8　城镇道路沥青路面和水泥混凝土路面损坏状况评价标准

评价指标	A 级			B 级		
	快速路	主/次干路	支路	快速路	主/次干路	支路
PCI	[90, 100]	[85, 100]	[80, 100]	[75, 90)	[70, 85)	[65, 80)
评价指标	**C 级**			**D 级**		
	快速路	主/次干路	支路	快速路	主/次干路	支路
PCI	[65, 75)	[60, 70)	[60, 65)	[0, 65)	[0, 60)	[0, 60)

城镇道路沥青路面结构强度评价应根据路面回弹弯沉值,将不同基层类型和交通量等级的沥青路面结构强度分为足够、临界和不足三个等级,结构强度评价标准应符合表 2-9 的规定,表中 *AADT* 为道路横断面的年平均日交通量。

表 2-9　城镇道路沥青路面结构强度评价标准

基层评价 / 弯沉值 / 交通量等级	碎砾石基层			半刚性基层		
	足够	临界	不足	足够	临界	不足
很轻 (*AADT*＜2 000)	＜98	98～126	＞126	＜77	77～98	＞98

（续表）

交通量等级＼弯沉值＼基层评价	碎砾石基层			半刚性基层		
	足够	临界	不足	足够	临界	不足
轻 (2 000<*AADT*<5 000)	<77	77～98	>98	<56	56～77	>77
中 (5 000<*AADT*<10 000)	<60	60～81	>81	<42	42～59	>59
重 (10 000<*AADT*<20 000)	<46	46～67	>67	<31	31～46	>46
特重 (*AADT*>20 000)	<35	35～56	>56	<21	21～35	>35

城镇道路沥青路面抗滑能力评价应以摆值(BPN)、构造深度(TD)或横向力系数(SFC)表示。根据BPN、TD或SFC,可将沥青路面抗滑能力分为A、B、C、D四个等级,相应的评价标准应符合表2-10的规定。

表2-10　城镇道路沥青路面抗滑能力评价标准

评价指标	A级		B级	
	快速路	主/次干路	快速路	主/次干路
BPN	≥42	≥40	[37, 42)	[35, 40)
TD/mm	≥0.45	≥0.45	[0.42, 0.45)	[0.42, 0.45)
SFC	≥42	≥40	[37, 42)	[35, 40)
评价指标	C级		D级	
	快速路	主/次干路	快速路	主/次干路
BPN	[34, 37)	[32, 35)	<34	<32
TD/mm	[0.40, 0.42)	[0.40, 0.42)	<0.40	<0.40
SFC	[34, 37)	[32, 35)	<34	<32

2.4　路面技术状况检测与调查频率

2.4.1　公路路面

公路路面技术状况检测与调查以1 000 m路段长度作为基本检测(或调查)单元,在路面类型、交通量、路面宽度和养管单位等变化处，检测（或调查）单元的长度可不受此规定的限制。

《公路技术状况评定标准》(JTG 5210—2018)中按照路面类型、公路等级对公路路面技术状况的最低检测与调查频率作出了规定，具体见表 2-11。各省市或地区可根据实际情况适当增加部分或全部指标的检测与调查频率，或按季度检测，以确保能够及时掌握公路路面的技术状况。

表 2-11　公路路面技术状况检测与调查频率规定

检测与调查内容		沥青路面		水泥混凝土路面	
		高速、一级公路	二、三、四级公路	高速、一级公路	二、三、四级公路
路面 *PQI*	路面损坏	1 年 1 次	1 年 1 次	1 年 1 次	1 年 1 次
	路面平整度	1 年 1 次	1 年 1 次	1 年 1 次	1 年 1 次
	路面车辙	1 年 1 次	—	—	—
	路面跳车	1 年 1 次	—	1 年 1 次	—
	路面磨耗	1 年 1 次	—	1 年 1 次	—
	路面抗滑性能	2 年 1 次	—	2 年 1 次	—
	路面结构强度	抽样检测	抽样检测	—	—

从表 2-11 可以看出，路面结构强度为抽样检测指标，各级公路管理机构或高速公路经营企业可根据路面养护需要，科学规划公路网路面结构强度检测比例和检测路线，准确掌握公路网的路面结构性能，年度最低抽样比例不低于公路列养里程的 20%，每 2～5 年应完成一次公路网所有路线的路面结构强度检测。

2.4.2　农村公路路面

农村公路路面技术状况检测以 1 000 m 路段作为基本检测（或调查）单元。当采用自动化检测方法检测路面技术状况时，每个检测方向至少要检测一个主要行车道。

农村公路中，乡镇农村公路管理部门对乡、村道农村公路的技术状况每半年组织 1 次检查评定；县（区）交通运输局对县道农村公路的技术状况负责，县公路管理站每季度进行 1 次评定；县（市、区）级交通主管部门每半年对乡、村道组织 1 次复查（或抽查）评定；市级交通主管部门或公路管理部门每半年组织 1 次所辖农村公路技术状况抽检复评；省级公路管理部门每年组织 1 次农村公路技术状况抽检分析。各级农村公路路面技术状况检测或调查指标及频率见表 2-12。

表 2-12　农村公路路面技术状况检测与调查指标及频率规定

检测调查内容		检测频率			
		乡(镇)人民政府或公路管理部门；县(市、区)级交通主管部门	县(市、区)级交通主管部门	市级交通主管部门或公路管理部门	省级公路管理部门
路面技术状况指数(PQI)	路面损坏状况指数(PCI)	乡、村道每半年1次普查；县道1季度1次普查	对乡、村道每半年1次抽查	每半年1次抽查(以县道为主)	每年1次抽查(以县道为主)
	路面行驶质量指数(RQI)	每年1次普查		每年1次抽查(限于县道)	
路基技术状况指数(SCI)		与对应的行政等级道路路面损坏调查频率保持一次			
桥隧构造物技术状况指数(BCI)		采用最新的桥梁、隧道、涵洞技术状况评定结果			
沿线设施技术状况指数(TCI)		与对应的行政等级道路路面损坏调查频率保持一次			

2.4.3　城镇道路路面

城镇道路路面的检测与调查分为三类：日常巡查、定期检测和特殊检测。日常巡查是指主要以目测方式对路面、路基、附属设施的完好情况和其他不正常损坏现象进行检查；定期检测是指应用专业化设备对道路的平整度、破损状况、抗滑性能和结构强度进行检测，分为常规检测和结构强度检测；特殊检测是指在特殊时间节点(如改扩建前)或特殊情况下对道路的结构强度、整体性能、功能状况等进行的检测与评价。针对上述三类检测与调查的频率所作出的相关规定如表 2-13 所列。

表 2-13　城镇道路技术状况检测与调查频率规定

检查类型		养护等级		
		Ⅰ等养护	Ⅱ等养护	Ⅲ等养护
日常巡查		1日1巡	2日1巡	3日1巡
定期检测	常规检测	1年1次		
	结构强度检测	2～3年1次	3～4年1次	3～4年1次
特殊检测		检测场景： (1) 道路进行改扩建前； (2) 道路发生不明原因的沉陷、开裂或冒水； (3) 在道路下进行管涵顶进、降水作业或隧道开挖等工程施工完成后； (4) 存在影响道路使用功能和结构安全的施工； (5) 道路路面及附属设施超过设计使用年限时		

在表 2-13 中，城镇道路路面养护分为三个等级：①Ⅰ等养护城镇道路，包括快速路、主干路、广场道路、商业繁华街道、重要生产区道路、外事活动路线和游览路线；②Ⅱ等养护城镇道路，包括除Ⅰ等养护城镇道路以外的次干路、步行街和支路中的商业街道；③Ⅲ等养护城镇道路，包括除Ⅰ、Ⅱ等养护城镇道路以外的支路。

第3章 路面纵断面检测技术及状况评定

3.1 路面纵断面

3.1.1 概述

道路纵断面是指沿道路中心线纵向垂直剖切的一个立面，主要反映路面的起伏、纵坡以及与原地面的填挖情况。道路纵断面设计主要根据道路线形、道路等级和自然地形等，研究道路的坡度和长度，从而达到使道路安全舒适、经济合理的目的。路面纵断面图由五部分组成：①地面线，是根据道路中线上各点的高程点绘成的一条不规则的折线；②设计线，是指路线上各点路基设计的连续高程；③地面高程，是指中线上的地面点高程；④设计高程，一般公路是指路基未设加宽超高前的路肩边缘的高程；⑤填挖高度，是指道路横断面上设计高程与地面高程之差。路面纵断面的剖面曲线与路面结构的设计等级、路面平整度、路面构造深度、路面磨耗和路面跳车等因素直接相关。路面纵断面剖面曲线示意图如图3-1所示。

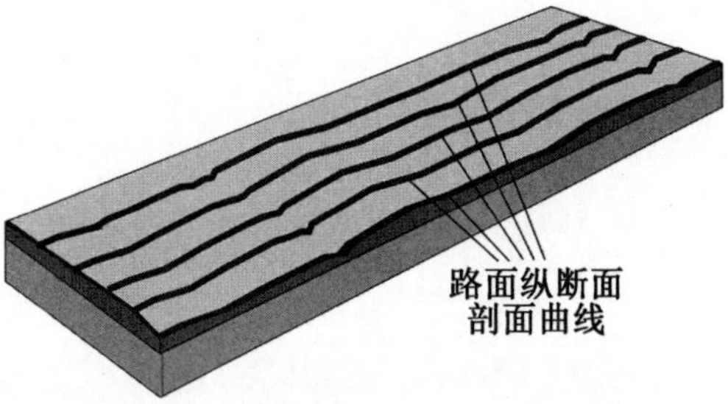

图3-1 路面纵断面剖面曲线示意

3.1.2 路面纵断面剖面曲线的特征指标

路面纵断面剖面曲线的特征指标是指根据路面纵断面剖面曲线数据计算得出的路面纵断面曲线特征值。在已有研究中，研究人员提出了一系列路面纵断面剖面曲线指标，并建立了相应的计算模型。不同的计算方法决定了不同指标的物理意义和数学意义。

路面纵断面剖面曲线是路面纵断面曲线指标计算的基础。该指标的获得受路面断面仪的性能影响，为了计算路面纵断面剖面曲线指标，必须选择合适的路面断面仪。当路面断面仪无法正常工作或该种路面断面仪所检测的路面纵断面剖面曲线与需要计算的路面纵断面剖面曲线指标不匹配时，很难获得真实的路面纵断面剖面曲线的指标值。另外，路面断面仪的检测精度将决定路面纵断面剖面曲线指标的精度。由于路面纵断面剖面曲线的形状不会随时间发生变化，因此该指标具有时间稳定性。

3.1.3　路面纵断面剖面曲线的影响

由于路面纵断面剖面曲线的高低起伏，路面上行驶的车辆会在路面纵断面剖面曲线高低变化的激励下产生相应的车体振动，而行驶舒适性主要受车辆振动状况的影响，因此驾乘人员容易有不舒适感，从而降低了行驶舒适性。路面平整度状况和路面构造深度是车辆行驶过程中影响其振动状况的主要因素。路面纵断面检测技术主要是对路面平整度、路面构造深度、路面磨耗和路面跳车进行检测，下面将逐一进行介绍。

3.2　路面平整度

3.2.1　路面平整度概述

我国将路面平整度定义为：路表面纵向凹凸量的偏差值。美国材料与试验协会(American Society for Testing Materials，ASTM)将道路平整度定义为：道路纵断面、横断面和横坡中影响汽车动力特性、行驶质量、动荷载和排水性能的路表结构与理想平面之间的偏差。路面平整度主要反映路面纵断面剖面曲线的平整性。当路面纵断面剖面曲线相对平滑时，表示路面相对平整，或平整度相对较好；反之则表示平整度相对较差。

通俗地说，路面平整度主要是指在行驶过程中引起车辆振动的路面纵断面剖面曲线的波动变化情况。车辆在行驶过程中，由于受路面纵断面剖面曲线起伏的影响会产生一系列的振动，包括长波长因素引起的人体不适性振动和短波长因素引起的快速冲击振动及噪声等。任何能引起附加加速度的路面纵断面剖面曲线特征都被称为平整度。

平整度指标有很多种类型。不同的平整度指标从不同方面对路面的平整度状况进行描述，且结果相对独立。对于同一路面纵断面剖面曲线，计算不同的平整度指标是必要的，但在实际情况中，很多平整度指标间具有较强的相关性，因此在实际应用中要选择合适的平整度指标。通常，不同类型的平整度指标与不同的波长相关，如车辆悬挂系统的振动通常由长波长引起，而车辆行驶过程中的噪声通常由短波长引起。不同的平整度指标可以根据它们计算过程中正弦曲线处理方法的不同进行分类，大多数计算方法都会滤去特别长和特别短的波长。

综上所述，平整度与一般物理量不同，它不是一个简单的一维物理量。由于平整度是路面纵断面剖面曲线沿路线长度的波动，因此它属于二维复杂物理量，且是一种客观存在的路面状况。

3.2.2 路面平整度的影响

不平整的路面会影响乘车的舒适性,降低行车速度,加速车辆损坏,增加道路交通事故的发生概率。通常,平整度主要对舒适性、安全性、经济性和路面结构四个方面产生影响。

(1) 平整度对舒适性的影响。路面平整度的优劣直接影响道路的行驶舒适性。路面不平整会引起车辆振动,而振动和颠簸又会影响乘客的乘坐舒适性及车辆的行驶平顺性。驾驶舒适性过低不仅易使驾驶员产生疲劳、失去驾驶兴趣,还会使驾驶员易怒等。

(2) 平整度对道路安全性的影响。由于路面平整度较差,司机容易疲劳驾驶导致交通事故的发生,从而严重影响行车安全。路面不平整,尤其是雨后路面易积水,附着系数下降,导致车辆在行驶过程中容易出现滑移,引发安全事故。路面不平整还会导致车轮不均匀跳动,轮子会出现悬空状态,致使轮胎完全失去制动力,从而使车辆在制动时产生偏移,危及交通安全。

(3) 平整度对车辆营运费用的影响。路面不平整造成车辆振动,会导致滚动阻力增加,因此车辆就需要输出更大的功率及消耗更多的燃油来克服增加的滚动阻力,导致车辆损耗及燃油消耗增加。路面的不平整会影响驾驶员的驾乘速度,平整度差,汽车的行驶速度会降低,从而增加了时间成本。一条平整的道路则可节约运输费用、缩短运行时间、降低交通事故和减少损失等。

(4) 平整度对路面结构的影响。由于路面不平整会激发车辆产生动态作用力使之与路面不平整形成相互作用,这会使路面平整度的恶化情况加剧,且这一状况会随着路面条件的进一步恶化变得更为明显,对路面结构产生显著影响。

3.2.3 路面平整度的评价指标

平整度的评价指标主要有:国际平整度指数(International Roughness Index, IRI)、功率谱密度(Power Spectral Density, PSD)、直尺与路面间的最大间隙 Δh、平整度标准差 σ、颠簸累积值(Vehicular Bump Integrator, VBI)、纵断面指数(Profile Index, PI)、行驶质量数(Ride Number, RN)和平均评分等级(Mean Panel Rating, MPR)等。

1. 国际平整度指数 IRI

国际平整度指数(IRI)是被广泛采用的路面平整度指标,几乎所有的路面纵断面剖面曲线自动化检测系统都包含国际平整度指标(IRI)的计算软件包。国际平整度指标(IRI)的优点是具有很强的时间稳定性和空间稳定性,这使得不同时间和地点检测到的 *IRI* 值之间可直接进行比较。

根据常用的方法,一般路段平整度的好坏主要由 *IRI* 值来判断。不同等级的道路,其 *IRI* 值的范围也不同,路面平整度质量可由表 3-1 来定义。

表 3-1　路面平整度质量范围

IRI/(m・km^{-1})	平整度质量范围
<2.0	好～较好
2.0≤IRI≤4.0	较好～一般
>4.0	一般～较差

2. 行驶质量舒适性指标 RN

行驶质量舒适性指标(RN)与国际平整度指数(IRI)具有相同的性质。二者在计算中使用相同的滤波方法。行驶质量舒适性指数(RN)采用五分制原则，RN 是对路面断面曲线特征指标(PI)的非线性变换。

与国际平整度指数(IRI)相比，RN 的可移植性不如 IRI。行驶质量舒适性指数(RN)与国际平整度指数(IRI)具有相关性，但二者不能简单地互换。路面纵断面剖面曲线中影响行驶舒适性指数(RN)的因素与影响国际平整度指数(IRI)的因素不同。尽管二者之间具有一定的相关性，但每个指标都是从某个方面来反映路面的平整度状况。

3. 垂直加速度的平方根均值 RMSVA

一般用各点垂直加速度的平方根均值 RMSVA(Root Mean Square of Vertical Acceleration)表示路面的平整度状况。RMSVA 是四分之一车模型的一种输出结果。在行驶舒适性研究中，除悬挂系统的竖向累计位移量以外，还可以采用垂直加速度来描述行驶舒适性。垂直加速度可以用加速度计直接检测得到，其检测方法相对而言较为容易。此外，四分之一车模型也可以输出模拟垂直加速度。模拟垂直加速度是基于路面纵断面剖面曲线的物理量，因而该指标具有较好的时间稳定性。

4. 平整度标准差 σ

平整度标准差 σ 是专指采用连续式平整度仪(八轮仪)检测路面纵断面剖面，然后对测得的路面纵断面剖面曲线进行去平均处理，最后对去平均处理后的数据计算其标准差。平整度标准差 σ 是一个仅能反映短波长剖面的平整度指标。平整度标准差 σ 对检测仪的检测波长范围极为敏感。对同一个给定路面，不同的检测波长范围会得到不同的平整度标准差结果。随着检测波长范围的增加，平整度标准差 σ 的值也随之增大。

3.2.4　路面平整度检测方法

路面平整度的检测能为决策者提供重要的信息，有助于决策者针对路面的维修、养护和翻修等作出更好的决策。另外，路面平整度的检测能准确地提供路面的施工质量信息，为路面施工提供一个质量评定的客观指标。路面平整度的检测技术经历了从传统的人工检测到半自动化检测，再到目前的全自动检测。最常见的平整度检测仪包括：手推式断面仪(自动化路面纵断面剖面仪)、激光惯性平整度仪、电子式颠簸累积仪和精密水准仪等。

1. 传统人工检测方法

1）精密水准仪测量

使用精密水准仪和水准尺沿轨迹带测量路面的相对高程，由此得到精确的路面纵断面曲线，通过运行国际平整度指数计算程序，计算出国际平整度指数（IRI）。水准仪测量法如图 3-2所示。

2）三米直尺测量法

三米直尺测量法是我国 20 世纪 70 年代测量路面平整度的主要方法，实际测量时将三米直尺沿道路纵向摆在测试位置的路面上，将楔形块塞入直尺的尺底间隙，读取楔形块上的测量值，如图 3-3 所示。

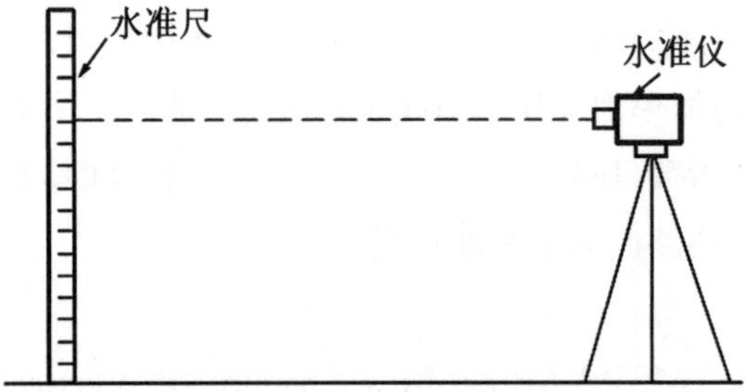

图 3-2　水准仪测量法示意

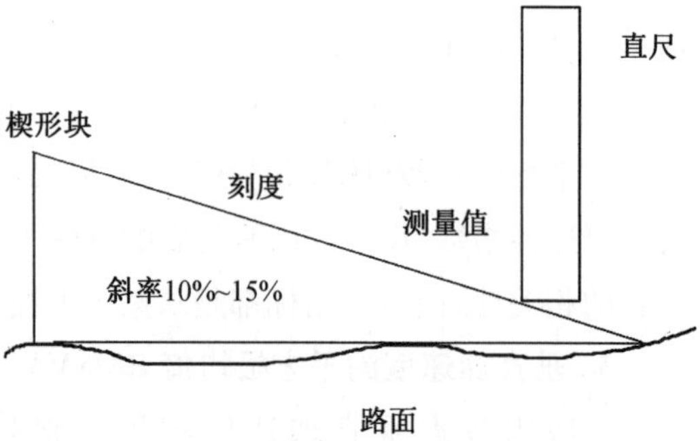

图 3-3　三米直尺测量法示意

2. 颠簸累积仪

颠簸累积仪属于动态反应类平整度仪，其结构和原理简单、价格便宜，操作简便且成本较低，同时精度高、故障成本较低，目前使用范围较广。其原理是通过测量车后轴与车体之间的单向位移累积值，并将检测到的位移累积值与行驶距离的比值作为平整度的评价标准。颠簸累积仪由于通过车辆的振动颠簸来间接测量平整度，因此不同车辆的结构、车载重量及测量速度对测量结果会有一定的影响，所以测试系统针对每一种车型、车重以及实际采用的测试速度均应单独进行试验，建立相关性关系式，并在标定后保持该状态进行后续检测。颠簸累积仪可以测得和处理任意路段长度的各种平整度指数（IRI）、平整度标准差（σ）、颠簸累积值（VBI）和行驶质量指数（RQI）等。如图 3-4 所示为颠簸累积仪。

图 3-4　颠簸累积仪

3. 手推式断面仪

手推式断面仪主要采用非接触式斜率传感器和距离传感器完整地检测出路面纵断面剖面曲线，然后用数学模型计算出各种平整度指标，包括国际平整度指数（IRI）、平整度标准差（σ）和行驶质量指数（RQI）等。手推式断面仪的另一个重要用途是检测路面的坡度（斜率）。手推式断面仪属于第一类检测仪器，可用于道路或机场跑道路面施工质量验收，还可以为响应式平整度检测仪及其他类平整度检测仪提供标定参照，手推式断面仪如图 3-5 所示。

4. 激光惯性平整度仪

激光惯性平整度仪（简称激光断面仪）是目前检测速度较快的直接式平整度检测仪。激光断面仪主要采用激光传感器检测车体与路面的垂直距离，采用加速度传感器检测车体垂直方向的位移，补偿车体的弹跳。激光断面仪可获得中、短波长的路面纵断面剖面曲线，并通过数学模型直接获得国际平整度指数（IRI）、平整度标准差（σ）、行驶质量指数（RQI）等平整度指标。图 3-6 所示为纵向激光断面仪。

图 3-5　手推式断面仪

图 3-6　纵向激光断面仪

3.2.5　路面平整度计算模型

1. 国际平整度指数（IRI）的计算模型

国际平整度指数（IRI）计算的四分之一车模型代表实际车辆的一个角，该模型被称为"金车模型"。四分之一车模型的主要目的是对响应式路面平整度检测系统的工作原理进行系统的理论分析，其各个参数的设置主要考虑要与各类响应式路面平整度检测系统有较好的相关性。除阻尼器以外，该模型车对路面纵断面剖面曲线激励输入的响应与一般机动车基本相似。如图 3-7 所示为四分之一车模型示意。

国际平整度指数（IRI）是一种路面纵断面剖面曲线的数学转化模型，可用于计算一条路面纵断面剖面曲线的平整度指标值。国际平整度指数（IRI）的计算具体如下。

首先，用一个基长为 250 mm 的滑动平均滤波器对路面纵断面剖面曲线进行滤波。这种滑动平均滤波器是一种低通滤波器，可用于对路面纵断面剖面曲线进行平滑。只有当采样间隔小于 167 mm 时，计算程序才会对路面纵断面剖面曲线进行上述滤波过程。其次，用

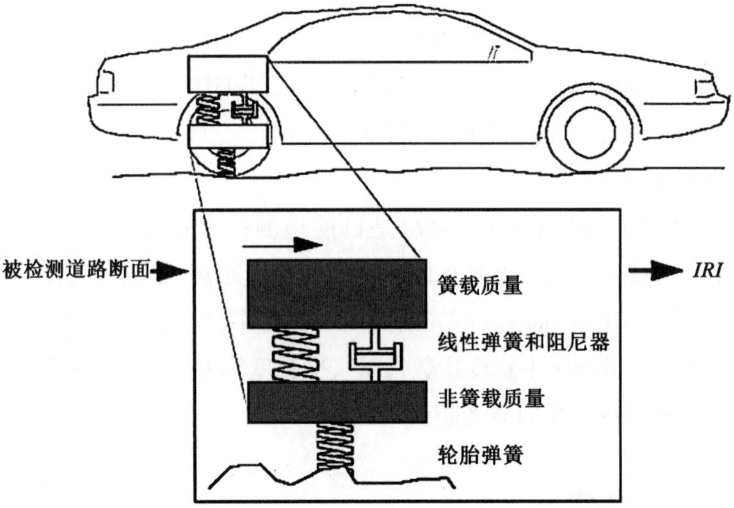

图 3-7　四分之一车模型示意

四分之一车模型对路面纵断面剖面曲线进行二次滤波。国际平整度指数(IRI)计算模型规定模型车的行驶速度为 80 km/h。“金车模型”①的各参数值如下：

$$\frac{k_s}{m_s}=63.3,\quad \frac{k_t}{m_s}=653,\quad \frac{c}{m_s}=6,\quad \frac{m_u}{m_s}=0.15 \tag{3-1}$$

式中　k_s ——弹簧弹性系数；

m_s ——簧载质量；

k_t ——轮胎弹簧系数；

c ——阻尼器阻尼系数；

m_u ——非簧载质量。

滤波器的输出代表四分之一模型车悬挂系统的位移量。最后，将滤波后的路面纵断面剖面曲线上不同点的绝对值进行累加，并与路段长度值相除，便能得到该路段的国际平整度指数 *IRI*。

给定截面长度的 *IRI* 计算方程如式(3-2)所示。

$$IRI=\frac{1}{L}\int_0^{x/V}|\dot{Z}_s-\dot{Z}_u|\,\mathrm{d}t \tag{3-2}$$

式中　*IRI* ——国际平整度指数，m/km；

L ——路段长度，m；

x ——纵向距离，m；

① 注：“金车模型”是四分之一车模型采用本书式(3-1)中的参数值时所定义的模型代号。

V——四分之一车模型的速度，m/s；

x/V——模型车在运行 x 距离时所需要的时间；

$\mathrm{d}t$——时间增量；

$\dot{Z}_s$——簧载质量的垂直速度；

$\dot{Z}_u$——非簧载质量的垂直速度。

2. 颠簸累积值 *VBI* 的计算模型

通过检测车体与后轴的相对位移单向累积数值来间接计算路面平整度。单向累积值的产生是因为位移传感器会输出一系列脉冲信号，每一个经过预处理的脉冲信号会成为一个单向位移量信号，采集系统对该信号进行处理并记录单向位移累积值，经数据处理系统分析处理得出颠簸累积值 VBI，其计算公式如式(3-3)所示。

$$VBI = \frac{CN}{L} \tag{3-3}$$

式中　VBI——颠簸累积值，cm/km；

CN——颠簸累积次数，次；

L——测量路段的长度，km。

$$IRI = A + B \times VBI \tag{3-4}$$

式中　IRI——国际平整度指数；

A、B——标定后得到的转换系数。

3.3　路面构造深度

3.3.1　路面构造深度概述

国际上，相关研究机构在路面构造深度三维定义的基础上，结合路面波谱理论，对路面构造深度作了进一步描述，即道路路表的纵断面，通过傅里叶分解后，形成一组连续的分布波谱，该分布由不同的波长来定量表示，而路面构造深度则是其中一组在一定范围内的波谱。根据路面起伏程度和波长范围，世界道路协会常设委员会（Permanent International Association of Road Congresses，PIARC）对道路表面构造进行了定义和分类，主要包括：宏观构造（macro texture）、微观构造（micro texture）、巨型构造（mega texture）和不平整度构造（unevenness）。

微观构造又称细构造，是指道路表面纹理构造中波长范围为 0～0.5 mm 的构造，其波幅变化范围不大于 0.2 mm，这种构造在道路表面具有细微的凹凸不平，一般情况下人眼很难直接观测到。宏观构造是指路面构造波谱中波长范围为 0.5～50 mm 的构造，波幅变化范围为 0.1～10 mm。巨型构造又称大构造，其波长范围为 50～500 mm，人眼很容易识别，属于有害构造，对道路的使用及安全会产生巨大影响。不平整度构造是相比巨型构造更为严重的构造，波长范围大于 500 mm，是因路面受到巨大损坏和不均匀沉降或在施工过程中发生严重的质量问题而形成的。

3.3.2 路面构造深度的影响

微观构造通常影响道路表面的粗糙程度和抗滑性能，随着公路等级和设计水平的不断提高，人们对道路使用状况的要求也不断提高，尤其是道路的安全性。当车辆在有积水的路面上行驶时，良好的微观构造能够将路表与轮胎间的水膜刺透，从而直接与轮胎接触，为行驶的车辆提供一定的阻力，防止由于轮胎与水膜直接接触摩擦力较小而导致的交通安全隐患的产生。微观构造是道路表面最基本的构造，也是路面必不可少的构造结构之一，对行车安全尤其是在雨雪及湿滑路况下发挥着非常重要的作用，在路面构造纹理研究和评价中不可忽视。

宏观构造是在微观构造的基础上，进一步提升道路表面的粗糙度。微观构造为道路提供了最基本的摩擦力，同时在湿雨天气及车速较低的情况下提高了路表的抗滑性能。然而，在路面积水较多及车速较高（大于 60 km/h）的情况下，车辆轮胎和路面之间会形成较厚的水膜，但微观构造不足以击破水膜，导致路面抗滑阻力大大降低，容易发生交通事故。

巨型构造由不规范的施工以及路表沉降引起，其产生的尺寸大小与轮胎印迹长度相近，通常类似于车辙。巨型构造的产生不但不会排除路面积水，反而容易形成积水坑，使车辆在行驶过程中产生颠簸，对车辆以及路边行人造成危险，同时，对行车的安全性和舒适性也会产生较大的负面影响。不平整度构造由于其波长和波幅范围较大，相比巨型构造会造成更大面积和长度的积水。较大的不平整度构造会使行驶过程中的车辆产生巨大的颠簸和不舒适，严重时会造成翻车、冲出车道等交通事故，对车辆、行人形成巨大的安全隐患。

3.3.3 路面构造深度评价指标

就路面构造深度而言，有多种评价指标，不同的指标有着不同的计算方法。

1. 估计构造深度

估计构造深度（Estimated Texture Depth, ETD）是指构造深度的估计值，其值近似于实际的路面构造深度值，在大多数情况下可作为路面构造深度值进行表征。美国 ASTM 对路面估计构造深度进行了描述，通过试验证明了估计构造深度与路面剖面深度之间具有很好的线性相关性，通过式（3-5）可得到路面的估计构造深度。

$$ETD = 0.2 + 0.8 \times MPD \tag{3-5}$$

式中，MPD 为平均剖面深度。

2. 平均构造深度

平均构造深度(Mean Texture Depth，MTD)是构造深度的平均值，从路面构造深度定义的角度出发进行路面构造深度计算，是能够直接表征路面构造深度的一个指标。平均构造深度通常作为标准测量值来进行试验对比和验证。平均构造深度的获得方法为体积法，主要有铺砂法和排水法。

3. 平均剖面深度

平均剖面深度(Mean Profile Depth，MPD)是道路表面纵断面的平均深度，可通过激光检测仪测量出道路表面每一点的高度值，从而得到路面纵断面剖面图。目前，自动化检测设备大多先测量路面的平均剖面深度，再通过平均剖面深度与平均构造深度的关系将所测得的结果转换为路面平均构造深度，该检测方法又称为断面法，其原理如图 3-8 所示。

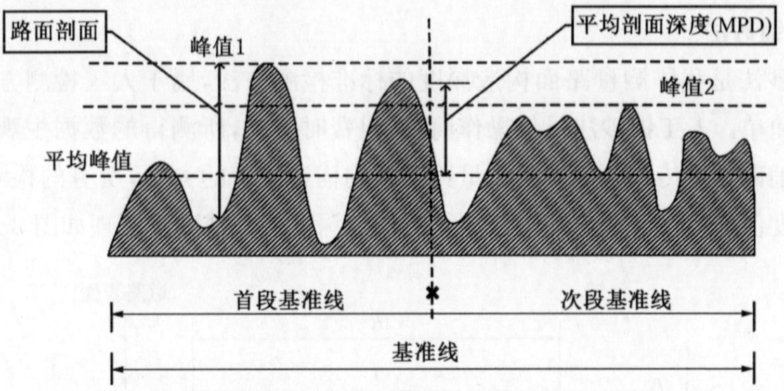

图 3-8　路面剖面深度原理示意

4. 激光测量构造深度

激光测量构造深度(Sensor Mean Texture Depth，SMTD)是一种间接表征路面构造深度的指标，它是从道路路面波幅变化的角度进行定义的，即道路表面剖面振幅的偏差值。与路面平均剖面深度相似，需要通过关系模型将激光测量构造深度转换成路面平均构造深度，其原理如图 3-9 所示。

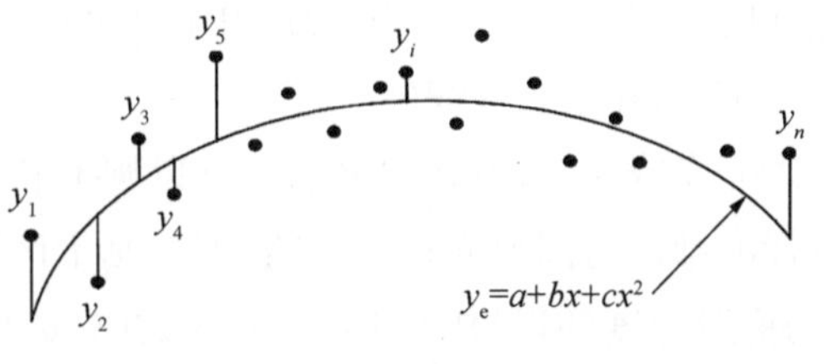

y_i —第 i 个点的高程值，$i=1, \cdots, n$；n—高程点的个数；y_e —n 个高程点拟合成的剖面曲线

图 3-9　激光测量构造深度原理

针对不同的路面结构该采用何种路面构造深度指标来表征是需要研究和界定的，从而才能为路面构造深度的检测和评价提供更精确的支持。各指标的分析结论见表 3-2。

表 3-2　路面构造深度评价指标分析

路面构造深度评价指标	类型	测量方法	指标应用
平均构造深度(MTD)	直接检测	体积法	标准表征指标(常作为基准)
估计构造深度(ETD)		线性转换法	间接表征指标
平均剖面深度(MPD)	间接检测	断面法	间接表征指标 (激光检测仪输出指标)
激光测量构造深度(SMTD)			

3.3.4　路面构造深度检测方法

路面构造深度的检测方法主要为传统接触检测和现代无损检测。传统接触检测一般是利用细砂、水等对路面进行接触检测。现代无损检测主要是借助主动光源等进行非接触式检测。

1. 人工铺砂法

人工铺砂法是我国测量路面构造深度的标准检测方法，属于人工检测方法，所需设备相对较少且简单。人工铺砂法虽然操作简单，但费时费力，所测得的数据主观性大，误差也较大。人工铺砂法是传统且标准的测量路面平均构造深度的方法，所有的检测方法测量的路面构造深度值都应该转换为铺砂法测得的构造深度值。铺砂法原理如图 3-10 所示。

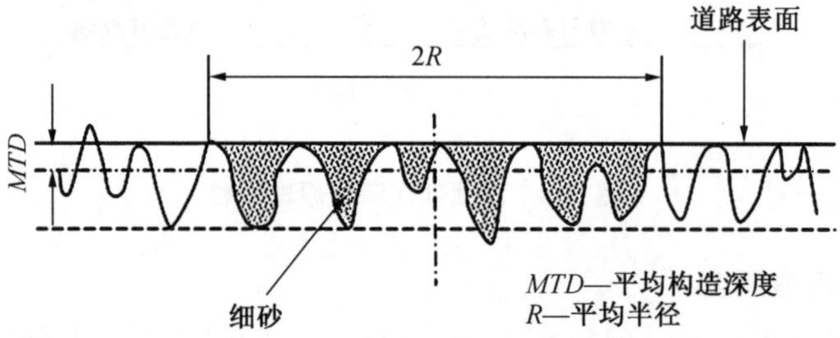

图 3-10　铺砂法原理

路面构造深度铺砂测定仪的相关设备如图 3-11 所示，主要包括：①已知体积的量筒，体积为(25±0.15)mL；②摊铺板，下面垫有 2～4 mm 的橡胶板；③挡风板，用于遮挡大风，防止细砂被吹走；④构造深度尺，长度应大于 50 cm，用于测量摊铺圆的直径；⑤其他设备，如储砂袋、毛刷及粒径在 0.15 mm 左右的细砂。

在实际测量过程中，将已知体积的细砂用摊铺工具以圆形状均匀摊铺在路面上，测量摊铺后圆形的直径，计算标准细砂与圆形面积的比值，即该测量区域的路面平均构造深度。人工铺砂法测量路面平均构造深度(MTD)的计算公式如式(3-6)所示。

$$MTD=\frac{4V}{\pi D^2} \tag{3-6}$$

式中　V ——砂的体积；

　　　D ——摊铺圆形区域的平均直径。

图 3-11　路面构造深度铺砂测定仪

2. 电动铺砂法

电动铺砂法是指将电动铺砂仪放置在测试路面上，在沙漏中装入一定体积的标准砂，铺砂仪在匀速运动过程中形成 5 cm 宽的带状，当砂子完全漏完便停止，通过带状长度计算出路面的构造深度。采用电动铺砂法测量前，首先需要对摊铺的带状长度进行标定，然后再对待测路面进行测量。图 3-12 为电动铺砂仪。

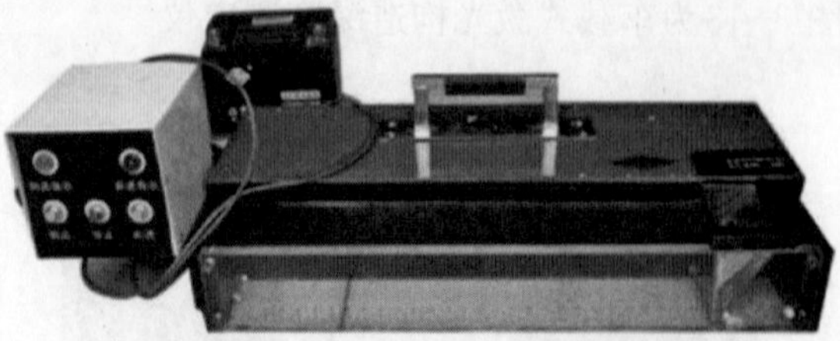

图 3-12　电动铺砂仪

采用电动铺砂法测量路面平均构造深度(MTD)的计算公式如式(3-7)所示。

$$MTD=\frac{V_0(L_0-L)}{5L^2}\times 1\,000 \tag{3-7}$$

式中　L_0——电动铺砂仪标定长度；

V_0——标准砂的体积；

L——摊铺长度。

电动铺砂法相比人工铺砂法不仅节省了大量时间，也减小了由于人为操作不当而造成的测量误差，但由于其价格较高，因而在一些长度较短的路面测量中仍然使用人工铺砂法进行测量。无论是人工铺砂法还是电动铺砂法都会受到天气等路面状况条件的限制，并且在测量过程中需要对路段进行定点测量，而无法对整条路段进行全部检测，因此检测结果的稳定性较低。

3. 排水法

排水法是将车速控制在 20～40 km/h 的动态条件下进行的，通过排水测定装置将一定体积的水通过仪器的空隙注射到路面，再测量水渗透到路面缝隙中的面积，根据式(3-8)获得路面平均构造深度。大量实验表明，水渗透到路面缝隙中溢出的面积越小，路面的排水性越好，路表面的构造深度越大。

$$MTD=\frac{V}{S} \tag{3-8}$$

式中 MTD——路面平均构造深度；

V——水的体积；

S——水溢出的面积。

4. 车载式激光构造深度仪

车载式激光构造深度仪的测试效率高，测试结果稳定，其主要是利用激光测距原理测量地面材料的深度变化。上海普勒斯道路交通技术有限公司开发的 Lipres 车载式路面构造深度测定仪，采用国外进口高精度激光传感器及加速度传感器进行测量，精度能够达到0.05 mm甚至更高，通过车载笔记本电脑能够实时获取路面构造深度剖面图及激光测量构造深度指标。车载式激光构造深度仪所测量的激光测量构造深度指标与我国铺砂法所获得的检测结果的相关性达到0.95，通过国家交通部门鉴定，符合我国检定规程和行业标准。图3-13为车载式激光构造深度测定仪。

图3-13　车载式激光构造深度测定仪

3.3.5　路面构造深度计算模型

通过对路面构造深度指标进行分析发现，使用断面法检测路面构造深度应使用平均剖面深度和激光测量构造深度两个指标来表征，因此需要根据这两个指标的相关定义建立其计算模型。

1. 平均剖面深度计算模型

从平均剖面深度的定义可以看出，其本质是高程点的峰值与所有高程点的均值的差值。然而，由于受路面的复杂性、检测系统的机械设计结构不稳定性以及测量过程中人为因素等影响，通过激光测得的路面高程值会存在大量误差，该误差大部分是由路面趋势引起的，因此直接利用高程点的检测值计算所得的结果与真实值之间相差较大。本节首先对检测数据进行处理，并将处理后的检测值与回归值的残差作为最终的路面剖面高程值，再根据基本定义计算平均剖面深度值。主要过程和计算模型建立如下。

1）数据的滤波预处理

为了提高检测精度，将用于计算平均剖面深度的纵向采样点的间隔 l 设为 2 mm。将待测路段以固定长度 $B=100$ mm 作为一个检测单元，划分成 n 个小的待检测单元，则有

$$n=\frac{B}{l} \tag{3-9}$$

式中　n——一个待检测单元内的采样点数，取偶数；

B——每一个待检测单元的长度；

l——采样点间隔。

数据滤波处理主要可分为线性滤波和非线性滤波。其中，线性滤波是指将原始数据通过一定的算术运算进行处理，使用一个固定的模板矩阵与原始数据矩阵进行卷积，因此线性滤波的转移函数是确定且唯一的，即模板矩阵的傅里叶变换；非线性滤波则是采用相应的逻辑运算来获得结果，通过比较一定邻域内的数值大小来进行归类，没有固定的模板，因此没有明确的转移函数。常用的线性滤波有均值滤波、高斯滤波、拉普拉斯滤波和盒子滤波等，常用的非线性滤波有中值滤波、最大值滤波、最小值滤波和双边滤波。鉴于非线性滤波的复杂性，学者们对非线性滤波进行了大量研究，相应的卡尔曼滤波、粒子滤波等新型滤波方法相继被提出。不同的滤波方法各有各的优缺点，需要针对特定的问题选择合适的滤波方法对数据进行处理。对研究对象的数据特点进行分析后发现，路面剖面是一条连续不间断的曲线，由于两个数据点的间隔仅为 2 mm，可以认为某一点的数据必然受前一点与后一点变化趋势的影响，因此可以采用均值滤波法对每一点的数据进行滤波处理，滤波窗口内高程点个数的计算见式(3-10)。

$$m=\frac{M}{l} \tag{3-10}$$

式中　m——滤波窗口内的高程点个数，取奇数；

M——滤波窗口的长度，这里取 6 mm；

l——采样点间隔。

通过式(3-11)对初始测量的路面高程点进行滤波处理，即

$$\bar{y}_k=\begin{cases}\dfrac{1}{i}\sum\limits_{j=1}^{j=i}y_i; & i=2k+1, \quad k\in\left[1,\dfrac{m-1}{2}\right]\\ \dfrac{1}{m}\sum\limits_{j=i}^{j=i+m-1}y_i; & i=k-\dfrac{m-1}{2}, \quad k\in\left[\dfrac{m+1}{2},\dfrac{T-m-1}{2}\right]\\ \dfrac{1}{i}\sum\limits_{j=T-i+1}^{T}y_j; & i=2(T-k)+1, \quad k\in\left[\dfrac{T-m-3}{2},T\right]\end{cases} \tag{3-11}$$

式中　$\bar{y}_k$——第 k 个滤波处理后的高程值；

T——待测路段中高程点个数；

m——滤波窗口内的高程点个数。

2）经滤波处理后的数据的再处理

通过滤波处理后的数据减少了部分噪声点和异常值，但由于路面不平整造成的路面趋势很难通过滤波操作去除。因此，需要对滤波处理后的数据进行进一步操作，这里采用最小二乘法对高程点进行线性拟合，将高程点与拟合直线的残差值作为最终的高程值，从而减小路面趋势造成的影响。

对于每一个检测单元，假设其单元内的高程点最优拟合直线为

$$y=\hat{\beta}_1 i+\hat{\beta}_0 \tag{3-12}$$

式中 i——第 i 个高程点，$i=1,\cdots,n$；

y——第 i 个高程点的回归值。

根据最小二乘法定理，则

$$\left.\begin{aligned}
&\hat{\beta}_0=\bar{y}-\hat{\beta}_1\bar{x}\\
&\hat{\beta}_1=\frac{\sum_{i=1}^{n}(i-\bar{x})(\bar{y}_i-\bar{Y})}{\sum_{i=1}^{n}(i-\bar{x})^2}\\
&\bar{x}=\frac{1}{n}\sum_{i=1}^{n}i
\end{aligned}\right\} \tag{3-13}$$

式中 $\bar{x}$——n 个高程点的平均值；

$\bar{y}_i$——第 i 个滤波处理后的高程值；

$\bar{Y}$——n 个滤波处理后的高程值的平均值，即 $\bar{Y}=\frac{1}{n}\sum_{i=1}^{n}\bar{y}_i$；

n——一个待检测单元内的采样点数。

通过拟合回归之后的最优直线计算残差求得最终的高程点，形成路面剖面，则有

$$\bar{Y}_i=\bar{y}_i-(\hat{\beta}_1 i+\hat{\beta}_0) \tag{3-14}$$

式中，$\bar{Y}_i$ 为第 i 个高程点的残差。

3）平均剖面深度计算

根据平均剖面深度的基本定义，将平均剖面深度按式(3-15)—式(3-17)进行计算

$$MPD_S=\frac{\bar{Y}_{\max1}+\bar{Y}_{\max2}}{2}-\overline{\overline{Y_S}} \tag{3-15}$$

$$\overline{\overline{Y_S}}=\frac{1}{n}\sum_{i=1}^{n}\bar{Y}_i \tag{3-16}$$

$$MPD=\frac{1}{N}\sum_{S=1}^{N}MPD_S \tag{3-17}$$

式中　MPD_S ——一个检测单元的平均剖面深度；

MPD ——待测路段的平均剖面深度；

$\bar{Y}_{max1}$——一个检测单元中前 50 mm 剖面峰值；

$\bar{Y}_{max2}$——一个检测单元中后 50 mm 剖面峰值；

$\overline{\overline{Y_S}}$ ——一个检测单元中所有高程点的平均值；

N ——检测单元的个数。

2. 激光测量构造深度计算模型

激光测量构造深度与平均剖面深度的不同点在于，激光测量构造深度是通过计算高程点与一个回归平面的均方误差求得的。因此，对路面高程点进行二次拟合，将最优二次拟合曲线作为回归基准面，计算高程点与回归值的均方误差即可获得激光测量构造深度。同样地，首先采用平均滤波处理方法对初始高程点进行预处理，之后对每个检测单元内的高程值进行二次曲线拟合，将高程值与回归值的均方误差作为激光测量构造深度，其主要过程和计算模型如下：

(1) 对初始数据进行滤波处理。

(2) 对一个检测单元内的高程点进行拟合，假设存在最优二次曲线，设

$$f(i)=a_0+a_1 i+a_2 i^2 \tag{3-18}$$

拟合函数 $f(i)$ 与滤波处理后的高程值的均方误差为

$$Q(a_0,\ a_1,\ a_2)=\sum_{i=1}^{N}[f(i)-y_i]^2 \tag{3-19}$$

由多元函数极值定理可得以下线性方程组：

$$\begin{pmatrix} N & \sum_{i=1}^{N} i & \sum_{i=1}^{N} i^2 \\ \sum_{i=1}^{N} i & \sum_{i=1}^{N} i^2 & \sum_{i=1}^{N} i^3 \\ \sum_{i=1}^{N} i^2 & \sum_{i=1}^{N} i^3 & \sum_{i=1}^{N} i^4 \end{pmatrix}\begin{pmatrix} a_0 \\ a_1 \\ a_2 \end{pmatrix}=\begin{pmatrix} \sum_{i=1}^{N} y_i \\ \sum_{i=1}^{N} i y_i \\ \sum_{i=1}^{N} i^2 y_i \end{pmatrix} \tag{3-20}$$

式中　i ——一个检测单元内第 i 个高程点，$i=1,\ \cdots,\ N$；

y_i ——一个检测单元内第 i 个滤波处理后的高程值；

N ——检测单元的个数；

a_0、a_1、a_2——拟合回归系数。

(3) 通过式(3-21)和式(3-22)计算检测单元的激光测量构造深度和待测路段的激光测

量深度。

$$SMTD_S=\sqrt{\frac{\sum_{i=1}^{N}[y_i-f(i)]^2}{N}} \tag{3-21}$$

$$SMTD=\frac{1}{M}\sum_{S=1}^{M}SMTD_S \tag{3-22}$$

式中　$SMTD_S$——一个检测单元的激光测量构造深度；

$SMTD$——待测路段的激光测量构造深度；

M——待测路段中检测单元的个数。

3.4　路面跳车和路面磨耗

3.4.1　路面跳车的概述及影响

路面跳车是指路面异常突起或沉陷等损害引起的车辆突然颠簸。路面跳车的影响因素包括沥青路面产生的路面坑槽、波浪、拥包、路面沉陷、井盖突起，以及水泥混凝土路面的错台、突起路面与桥隧构造物异常连接等。路面跳车的程度与路面纵断面高差有关。路面跳车产生的主要原因是刚性桥涵等构造物与柔性路堤之间存在刚度差异，致使路桥过渡段在行车荷载的作用下，连接处两端发生不均匀沉降，从而引发路面跳车病害。不同类型的填筑材料使路基形成沉降差，由于沉降差异的存在会在行车方向产生纵向高差，从而导致路面跳车。路面跳车严重的路段对路面行驶质量及行驶安全性影响极大，容易发生交通事故。路面跳车的检测是基于路面平整度，相关检测仪器大多是通过检测路面平整度来判断路面的跳车情况。

3.4.2　路面磨耗的概述及影响

路面磨耗是行车道三线位置（左轮迹带、右轮迹带和车道中线）路面构造深度最大差值的函数，用于描述道路表面构造的磨损状况。磨耗的定义为物体因两面间的相对运动造成材料逐渐流失，而产生的磨耗损失，通过测量尺寸的变化、质量和体积的减少量来表示。路面磨耗的产生主要是路面集料表面层被磨掉并发生明显变形的过程。磨耗的影响因素主要有路面集料的类型、强度，以及行驶车辆的车轮对路面裸露的集料棱角的磨耗使路面构造深度减小，从而使摩擦因数减小。对于有严重磨耗的路段，当遇到雨雪天气时，由于摩擦因数过小，车辆容易发生滑移，从而导致严重的交通事故。图 3-14 为磨耗路段实景。

图 3-14　磨耗路段实景

3.4.3　路面跳车和路面磨耗计算模型

路面跳车自动化检测应采用断面类检测设备，检测指标应为路面跳车(PB)，每 10 m 计算一个统计值。采用 10 m 路面的纵断面高程作为路面跳车的计算依据，10 m 路面纵断面高程需要通过数据预处理剔除桥梁伸缩缝等处可能存在的异常高程值、消除路面纵坡对路面纵断面高差计算的影响。路面跳车应根据路面纵断面高差确定，路面纵断面高差应为 10 m 长度内路面纵断面最大高程和最小高程之差，路面纵断面高差按式(3-23)计算。

$$\Delta h = \max\{h_1, h_2, \cdots, h_i, \cdots, h_{100}\} - \min\{h_1, h_2, \cdots, h_i, \cdots, h_{100}\} \tag{3-23}$$

式中　Δh ——路面纵断面高差，cm；

h_i ——第 i 点的路面纵断面高程；

i ——第 i 个路面纵断面高程数据，路面纵断面高程应为自动化设备检测数据。

路面跳车的扣分标准按表 3-3 所列取值。

表 3-3　路面跳车扣分标准

类别	跳车程度	计量单位	单位扣分	路面纵断面高差 (Δh)/cm
1	轻度	处	0	$\geqslant 2, < 5$
2	中度		25	$\geqslant 5, < 8$
3	重度		50	$\geqslant 8$

路面磨耗自动化检测应采用断面类检测设备，检测位置应为车道的左轮迹带、右轮迹带和无磨损的车道中线，检测指标应为路面构造深度(利用 MPD 进行计算表征)，每 10 m 计算一个统计值。路面磨耗指数(PWI)和路面磨耗率(Wear Ratio，WR)分别按式(3-24)和式(3-25)计算。

$$PWI = 100 - a_0 WR^{a_1} \tag{3-24}$$

$$WR = 100 \times \frac{MPD_C - \min\{MPD_L - MPD_R\}}{MPD_C} \tag{3-25}$$

式中 PWI ——路面磨耗指数；

WR ——路面磨耗率，%；

a_0——模型参数，采用 1.696；

a_1——模型参数，采用 0.785；

MPD ——路面构造深度，mm；

MPD_C ——路面构造深度基准值，采用无磨损的车道中线路面构造深度，mm；

MPD_L ——左轮迹带的路面构造深度，mm；

MPD_R ——右轮迹带的路面构造深度，mm。

路面磨耗的评价标准见表 3-4。

表 3-4 路面磨耗评价标准

磨耗水平	*WR*	*PWI*	评定等级
无	≤9.6%	≥90	优
轻	(9.6%, 23.2%]	[80, 90)	良
中	(23.2%, 38.9%]	[70, 80)	中
次	(38.9%, 56.1%]	[60, 70)	次
差	>56.1%	<60	差

第4章

路面横断面检测技术及状况评定

4.1 路面横断面

4.1.1 路面横断面概述

在中线各整桩和加桩处垂直于中线方向，测出两侧地形变化点至道路中线的距离和高差，以此绘制的断面图称为横断面图。路面横断面反映了垂直于道路中线方向的地面起伏情况，是计算车辙、拥包等指标的依据。图 4-1 为路面横断面剖面曲线示意图。

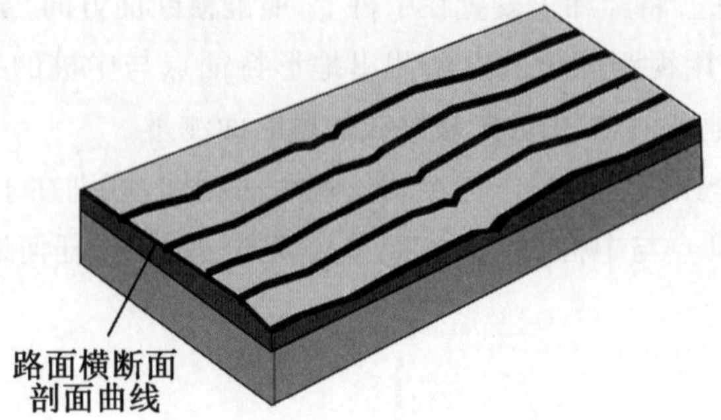

图 4-1　路面横断面剖面曲线示意

4.1.2 路面横断面检测技术

传统的路面横断面检测流程是：先确定横断面方向，再测定横断面上的点位，最后进行横断面图的绘制。

1. 测定横断面方向

对于直线段，一般采用普通方向架测定；对于圆曲线段，采用求心方向架测定。横断面方向测定示意图如图 4-2 所示。

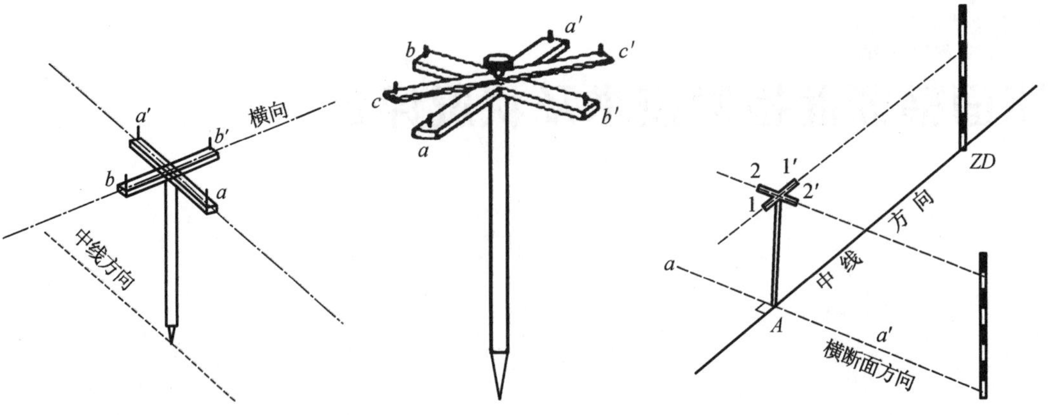

(a) 普通方向架　　(b) 求心方向架　　(c) 检测示意

图 4-2　横断面方向测定示意

2. 测定横断面上的点位

横断面上点位的测定方法有以下四种：

(1) 水准仪皮尺法。水准仪测高差，皮尺丈量平距。该方法适用于地形简单地区，精度高。

(2) 标杆皮尺法。该方法适用于山区低等级公路，精度低，如图 4-3 所示。

(3) 经纬仪视距法。将经纬仪安置在中桩上，照准横断面方向，量取仪器横轴至中桩地面的高度作为仪器高，用视距测量的方法测出地形特征点与中桩的平距和高差，如图 4-4 所示。该方法适用于地形困难、山坡陡峻路线的横断面测量。

(4) 全站仪法。全站仪法的操作与经纬仪视距法相同，区别在于全站仪法使用光电测距的方法测出地形特征点与中桩的平距和高差。该方法适用于任何地形条件。

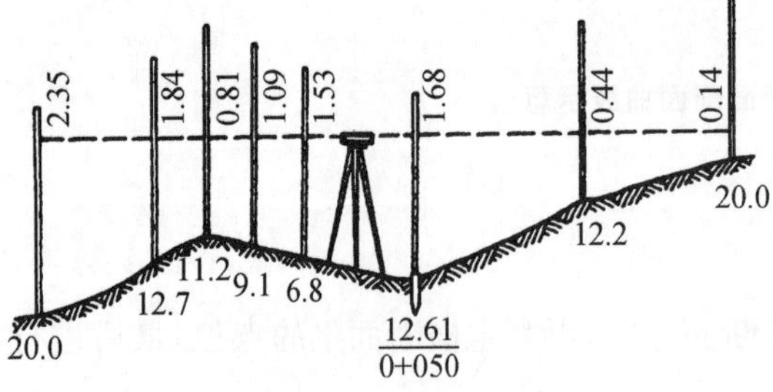

图 4-3　标杆皮尺法测定横断面点位示意

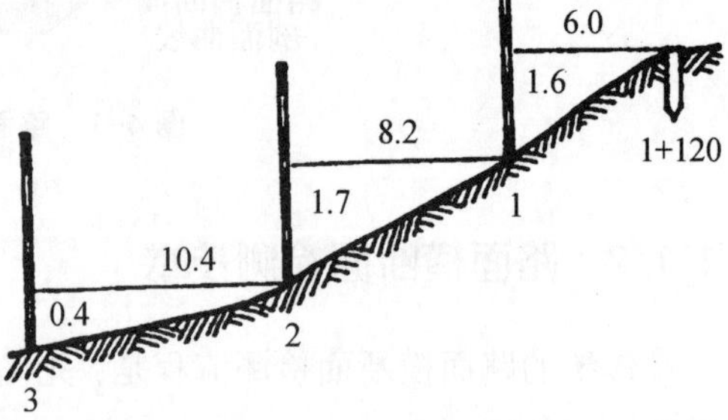

图 4-4　经纬仪视距法测定横断面点位示意

路面横断面的检测主要是指路面车辙的检测，本章主要对路面车辙的检测技术及质量评价进行详述。

4.2 路面车辙

4.2.1 路面车辙概述

车辙是沥青混凝土路面特有的一种损坏形式,它是在行车荷载以及气候(高温)等因素综合作用下产生的一种永久变形,表现为沿行车轮迹产生的纵向带状凹槽,严重时车辙两侧会有突起形变,导致路面使用性能恶化。路面车辙的产生是车辆长时间在公路上行驶后由于整车重量对路面形成压力而引起路面变形,具体表现为路面上留下的车轮永久压痕。依照车辙形成过程的不同,可以将车辙分为四种类型: 磨耗型车辙、结构型车辙、失稳型车辙和压密型车辙。目前,国内较多的车辙属于失稳型车辙和压密型车辙。

(1) 磨耗型车辙。车辆在路面上行驶时对路面会不断地产生磨耗,一旦路面磨耗层损坏,便会产生明显的磨耗轮迹带。行车荷载长时间作用下道路面层内集料颗粒逐渐松动并脱落,尤其在雨雪天,会加速磨耗车辙处的集料颗粒脱落,导致路面损坏愈发严重。

(2) 结构型车辙。车辆在道路上行驶便会反复碾压路面结构层,当路面结构层强度不足时,路面会产生永久性变形,这种情况下的车辙属于结构型车辙。

(3) 失稳型车辙。失稳型车辙也与路面结构层有关,车辆在行驶过程中其荷载对路面产生的剪切应力会打破路面结构层的稳定性,这种情况下会导致路面向下凹陷或者产生横向变形,具体表现为轮迹带两侧会出现因变形而形成的明显突起。

(4) 压密型车辙。一般是指路面在建设过程中因碾压不足,当道路开放交通后,路面在车辆荷载的反复作用下受到碾压,沥青材料的孔隙率不断减小,达到极限才趋于稳定,碾压密实后路面就会产生变形,这种车辙属于压密型车辙。这类车辙的产生与监理人员在路面建设中对施工质量的控制不严格有很大关系。

4.2.2 路面车辙产生的因素及影响

导致车辙产生的因素包括: 使用不同沥青材料、沥青材料的配合比不同;施工工艺不同、沥青摊铺技术不成熟;车辆荷载的不同。总的来说,大体上可以分为三类。

(1) 沥青材料。沥青材料在高温下的稳定性和耐久性较差,而这两种特性恰恰是车辙产生的主要原因。另外,由于沥青混合料的配合比不合理,导致成型后的路面结构不稳定,从而产生车辙。

(2) 施工工艺。在施工过程中,由于施工工艺设计得不合理、不成熟,导致路面面层出现受力不均匀、碾压不足等情况,从而产生车辙。

(3) 车辆荷载。在交通荷载反复作用下,当路面结构层或路基的强度不足时,会导致路面产生结构型车辙。在交通荷载产生的剪切应力作用下,路面材料失稳、凹陷和横向位移均会导致车辙的产生。当路面上行驶过多载重车辆或者超载车辆时,路面容易产生车辙。

统计数据显示，由于车辙引起的高速公路路面维修、罩面达到 80%以上，而形成车辙的原因面层占到 32%。车辙会直接危害路面质量，导致路面使用寿命降低；尤其是在雨天，车辙处会积水，长时间情况下积水会渗透至路基层，对路基产生损害且加速路面老化，从而产生更多其他的路面病害，导致路面使用寿命缩短。车辙的存在会影响行车安全性以及大大降低行车舒适性；车辙严重的路段会影响车辆变道和操作稳定性，极易出现交通事故。车辙底部的路基层厚度会因车辆载重的作用而减小，导致路面结构整体强度减弱，从而引发更多其他的路面病害。路面车辙不仅会造成路表面的破损和缺陷，还会进一步破坏路面结构层的质量。

4.2.3 路面车辙检测方法

随着科技快速发展，路面车辙检测也进入了智能化检测时代，车辙的检测方法由传统人工检测到半自动化检测，再到全自动化检测。对于高速公路及一级公路，车辙测试的基准测量宽度以发生车辙的一个车道两侧标线宽度中点到中点的距离为准。对于二级及二级以下公路，有车道区划线时，以发生车辙的一个车道两侧标线宽度中点到中点的距离作为基准测量宽度；无车道区划线时，以形成车辙部位的一个设计车道作为基准测量宽度。

1. 传统人工检测

传统的人工检测方法是将检测用的横杆横跨在被测路面上，然后用直尺量出横杆到车辙底部的距离，该距离就是车辙深度。传统车辙测试方法有以下两种。

（1）横断面尺测试方法。该方法是将横断面尺置于需要测试车辙的断面上，方向与道路中心线垂直，沿着横断面尺每隔 200 mm 一点，将钢直尺垂直立于路面上，读取横断面尺底部与路面之间的高差即为车辙深度。

（2）基准尺测试方法。该方法适用于不需要测试横断面，仅需测试最大车辙时。将基准尺置于需要测试车辙的横断面上，方向与车道中心线垂直，若车辙形状为图 4-5(a)、(b)、(c)所示形式，则需要分别测量左右轮迹带的车辙深度。将基准尺分别置于左、右轮迹带车辙槽两端最高位置，若车辙形状为其他形式，则直接将基准尺置于断面车辙槽两端最高位置，目测确定左、右轮迹带最大车辙的位置，用量尺量取基准

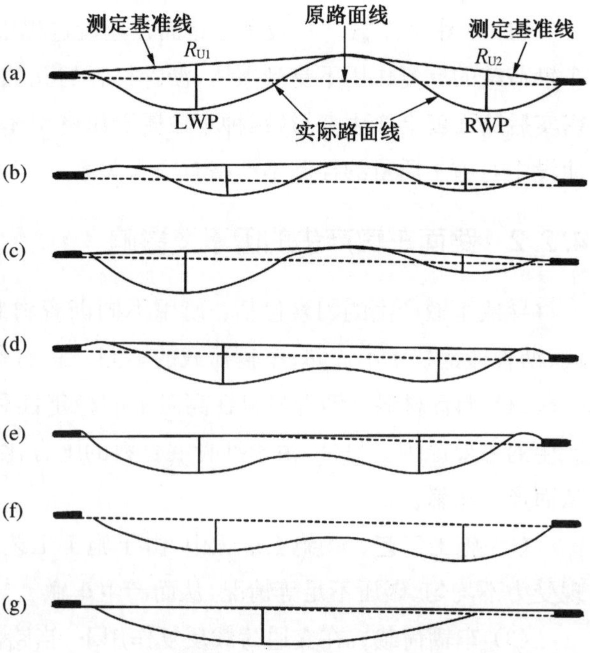

图 4-5　不同形状、不同程度的路面车辙示意

注：LWP，RWP 分别表示左轮迹带、右轮迹带车辙深度。

尺底面与路面之间的高差，该高差即为车辙深度。

2. 全自动检测

路面车辙全自动检测技术包括超声波检测、激光检测和数字影像检测。其中，超声波检测和激光检测都是通过多个传感器连续采集路面横断面曲线，受传感器数量限制，无法完整地获取横断面曲线，进而导致车辙深度存在测量误差。R. Mallela 等的研究表明，带有 13～30 个传感器的检测装置会导致车辙深度低于实际 2～4 mm。马荣贵等建立了双余弦模型，发现 9 点和 13 点激光的最大车辙深度测量误差分别为 29.3%和 14%，21 点激光的最大车辙深度测量误差不超过 5%。Y. Tsai 等的研究表明 3 点和 5 点激光探测装置的车辙平均误差分别为 63%和 44%。当激光传感器数量达到 25 个时，车辙深度测量误差小于 10%。但无论选择多少数量的传感器，都不一定能找到路面横断面的最低点和最高点。数字影像检测技术则是通过 CCD 摄像机记录激光光源投射在路面上的光带形状，并通过图像变形来计算车辙深度。三维线激光剖面成像技术是近几年出现的新兴技术，采用高能量线激光发射器和三维高帧频相机可连续获得路面的高精三维数据。郭鑫鑫等通过室内车辙形态模拟设备，发现三维线激光成像比 13 点激光检测在隆起型车辙的检测误差和离散性结果上表现得更准确、可靠。路面车辙全自动检测技术提供了一种快速、准确和非主观的替代人工调查的方法。

目前，国内自动化车辙仪主要包括点激光车辙仪和线激光车辙仪。表 4-1 所列为目前国内激光车辙仪的技术参数及测试要求。

表 4-1　国内激光车辙仪技术参数及测试要求

序号	标准/规范名称	横向测试宽度/m	纵向采样间距/m
1	车载式路面激光车辙仪 [JJG(交通)076—2010]	≥3.2	≤0.2
2	多功能路况快速检测设备 (GB/T 26764—2011)	≥3.5	≤0.2，建议采用 0.1 m
3	公路路面技术状况自动化检测规程 (JTG/T E61—2014)	≥3.5	宜采用 0.1 m，不应大于 0.2 m
4	公路技术状况评定标准 (JTG 5210—2018)	—	计算长度为 10 m

1）点激光车辙仪

点激光法是以三角测距原理为依据，采用安装有多个单点激光测距传感器的车辙梁，测量每个传感器到路面的距离，得到路面横断面的高度曲线，以此进行车辙深度的计算。通常情况下，车辙梁上布置的传感器数量越多越密集，得到的曲线精度就越高。一般在左右轮迹带位置设置较为密集的激光测距传感器，点激光车辙检测原理如图 4-6 所示。

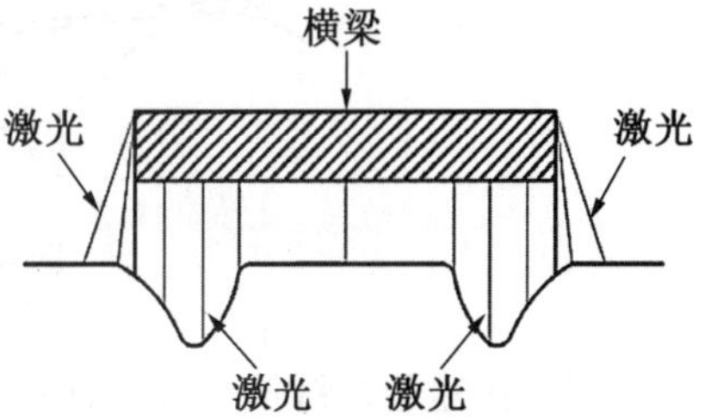

图 4-6　点激光车辙检测原理

2）线激光车辙仪

线激光车辙检测也是基于激光三角测量原理，将激光作为光源，向路表面打出一条很窄的光线，如果路面有车辙，光线会发生扭曲，CCD 面阵相机会记录投射到路表面的光线轮廓，以此得出路面横断面曲线来计算路面车辙。线激光车辙检测原理如图 4-7 所示。

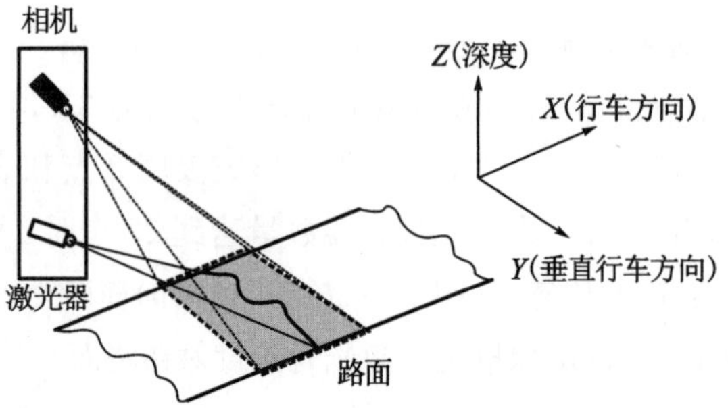

图 4-7　线激光车辙检测原理

路面横断面车辙检测方法包括三个关键步骤：①异常点筛选及修正以抵消三维激光点数据缺失的影响；②应用快速包络线算法提取车辙深度；③在病害三维特征图像上提出基于高程变化差值的裂缝种子识别模型（crackseed）和自适应特征点提取模型（SUSAN），分别用于提取裂缝和坑槽、拥包种子点。

4.2.4　路面车辙深度计算模型

路面车辙深度的计算方法主要分为两种：直尺法和快速包络线法。

（1）直尺法。直尺法应用较为广泛，我国现行的《公路路基路面现场测试规程》（JTG 3450—2019）中也采用直尺法，如图 4-8 所示为利用三米直尺法计算路面车辙深度（RD_1 和 RD_2），取最大值作为所测断面的路面车辙深度。

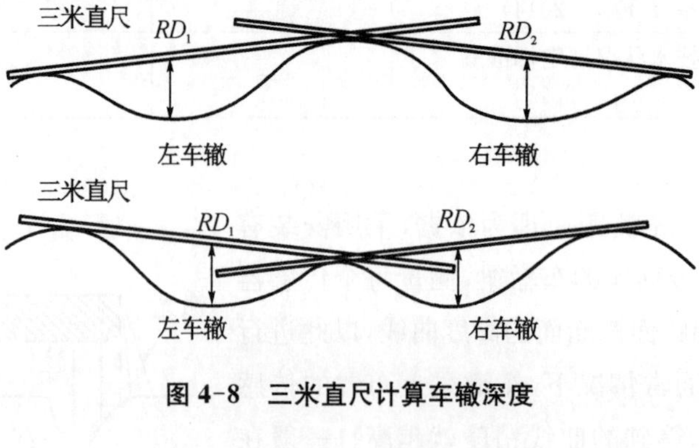

图 4-8　三米直尺计算车辙深度

（2）快速包络线法。在车辙自动检测中，快速包络线法比三米直尺法计算车辙深度的效率要高，且更有利于参数的自动提取。快速包络线法示意图如图 4-9 所示。

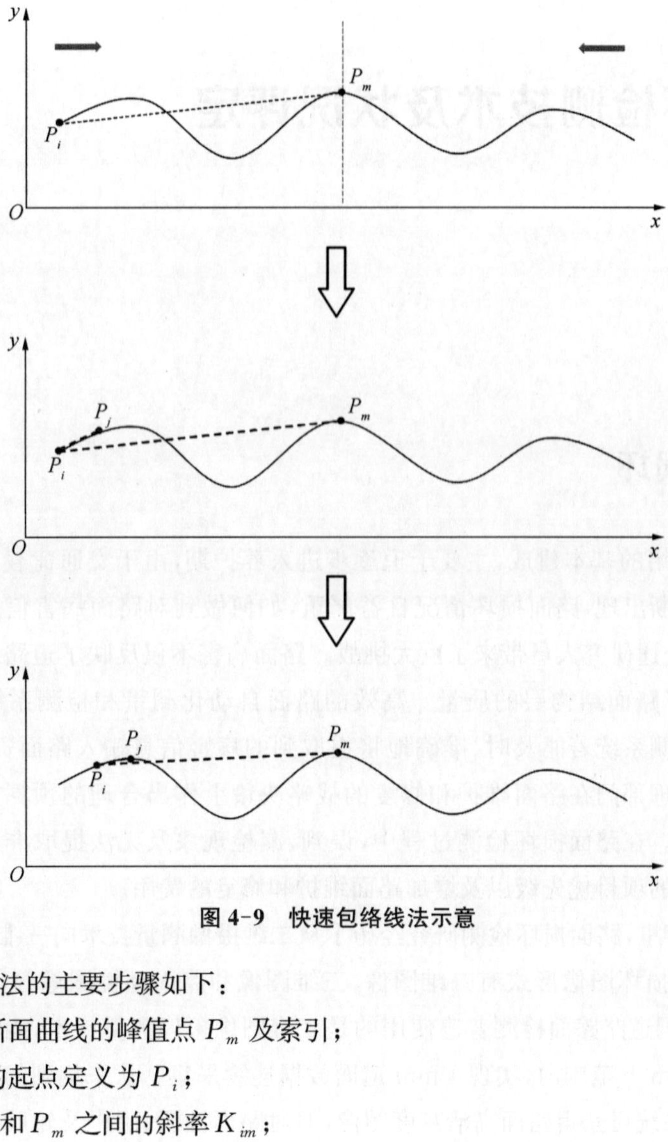

图 4-9　快速包络线法示意

快速包络线法的主要步骤如下：

① 寻找横断面曲线的峰值点 P_m 及索引；

② 将曲线的起点定义为 P_i；

③ 计算 P_i 和 P_m 之间的斜率 K_{im}；

④ P_j 是 P_i 和 P_m 之间的点，依次求解 P_i 和 P_j 的斜率 K_{ij}，取斜率中的最大值 K_{in}；

⑤ 比较 K_{im} 和 K_{in}，如果满足 $K_{in} > K_{im}$，P_n 为包络线上的一点，否则 P_m 为包络线上的一点；

⑥ 将 P_n 作为 P_i；

⑦ 如果满足 $i < m$，重复执行步骤(3)～步骤(5)；

⑧ 同样地，将曲线的终点定义为 P_i，M 是曲线上点的数量，如果 $m<i\leqslant M$，重复执行步骤(3)～步骤(6)；

⑨ 连接计算获得的包络线组成点，得到的曲线即为包络线。

第5章 路面损坏检测技术及状况评定

5.1 路面损坏

随着公路网络的基本建成，主要干道逐步进入养护期，由于交通荷载、环境、道路自然老化等问题的不断出现，路面损坏情况日益严重，如何做到对路面病害信息的全面获取和综合处理，这给交通研究人员带来了巨大挑战。路面病害不仅反映了道路表面的损坏和缺陷情况，还反映了路面结构层的质量。高效的路面自动化测量和检测系统已成为行业刚需。路面损坏检测系统若能及时、准确地将提取到的病害信息输入路面资产管理系统，便能给交通设施管理部门在路面维护和修复的战略决策上作出合理的预算方案和资源分配提供依据和参考。在路面损坏检测过程中，误判、漏检现象及无法提取准确的病害信息等都会导致不恰当的项目优先级以及增加路面维护和修复的费用。

过去的30年里，路面损坏检测研究经历了从二维摄像测量技术向三维激光测量技术的发展过程。路面损坏图像形式有二维图像、三维图像和路面环境图像等，如图5-1所示。2000年以来，我国道路路面检测普遍使用的是二维图像摄像测量技术，能够满足在正常行车速度0～120 km/h范围内，实现1 mm道面数据连续采集。从采集到的路面原始数据来看，大多数检测系统可获得路面高清灰度图像，但对路面油污、阴影及轮胎痕迹等干扰因素较为敏感，这便导致图像自动识别损坏病害的难度加大，二维自动识别一直都是影响检测效率的重要瓶颈。此外，考虑到路面纹理、坑槽深度和裂缝深度等路面三维特征很难从二维灰度图像中获得，以及路面平整度、构造深度、车辙、损坏检测等技术性能指标的采集都使用相对独立的硬件和软件系统，这意味着检测设备需要根据所检测的性能指标进行系统调整，在某种程度上这会导致系统维护性差、集成复杂、可靠性降低，因此二维图像摄像测量技术一直制约着路面病害的智能化管理水平。但随着传感器和人工智能等新兴技术的发展，三维结构光扫描技术因其可测量出路表面的高程变化，且较大程度上克服了二维系统中存在干扰因素影响等缺点，故越来越受到国内外学者的广泛关注。本章回顾了近30年路面损坏自动化检测技术的研究进展，并结合我国国情，对未来路面检测技术提出展望。

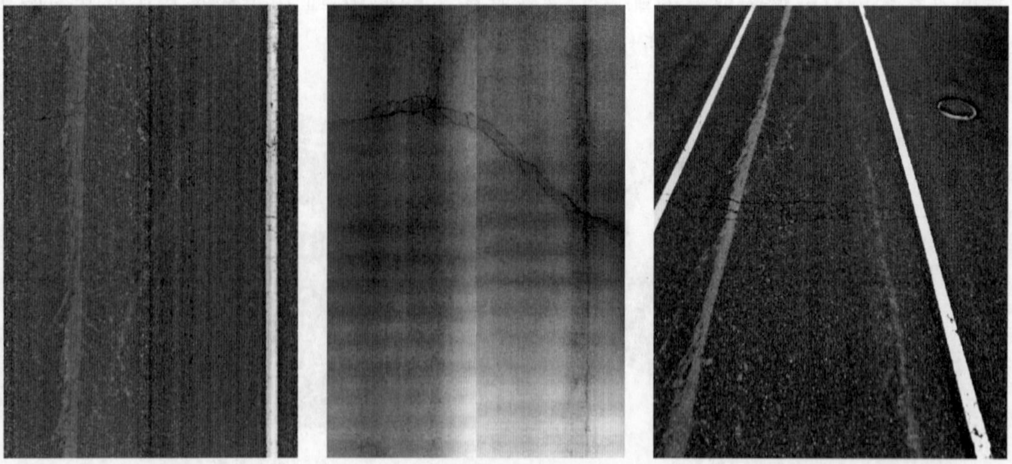

(a) 二维图像　　(b) 三维图像　　(c) 路面环境图像

图 5-1　路面损坏图像常见形式

5.2　路面损坏检测技术

根据路面损坏图像采集技术的分类，可将国内外路面损坏检测系统数据获取技术的研究进展分为如下几个阶段。

5.2.1　二维图像摄像测量技术

二维图像摄像测量技术起源于 1991 年。摄像测量的具体方法是在汽车后端安装专用摄像机，当汽车以一定的速度行驶时，通过触发信号，摄像机按照固定的采样间隔拍摄一定范围的路面。二维图像数据采集有两种方式：面扫描和线扫描，如图 5-2 所示。其中，面扫描以录像形式存储为视频或图片来记录图像数据，每次扫描并存储一张二维平面图像，像素的精度受到相机分辨率的限制，后期对图像错位的重新拼接比较困难；线扫描则是逐行采集路面数据，每次扫描并存储一条横断面直线，采样间隔受限于相机的帧频，通过连续扫描横断面以获取路面图像。

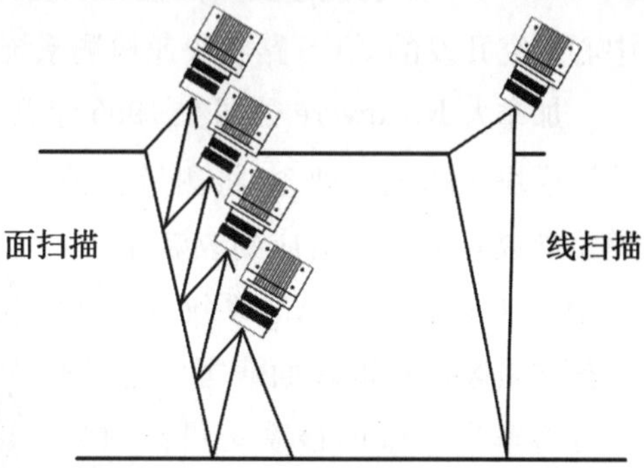

图 5-2　二维图像摄像测量方法

针对不同光照条件下路面材料反射性能存在差异的情况，如黑色沥青柔性路面和白色水泥刚性路面等，为提高图像质量，需要采用二维图像摄像测量方法与红外光补光方法相结合的方式来进行数据提取。为配合二维线阵相机的使用，红外光补光方式可分为两种：垂直补光和对射补光，如图 5-3 所示。

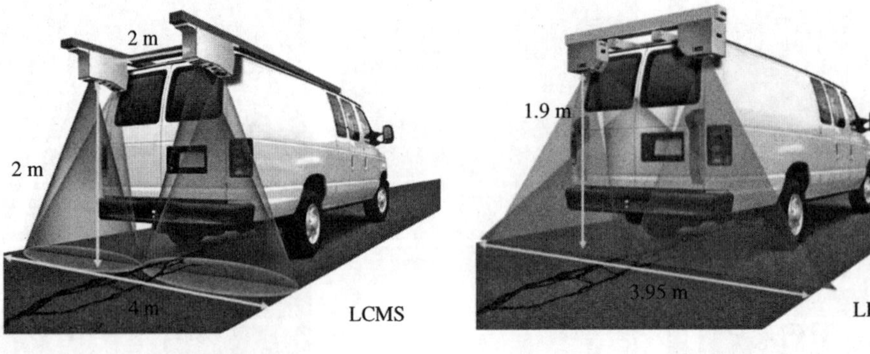

(a) 垂直补光　　(b) 对射补光

图 5-3　垂直补光和对射补光

注：LCMS：Laser Crack Measurement System，激光裂缝测量系统。

LRIS：Laser Road Inspection System，激光路面检测系统。

5.2.2　路面二维自动化检测技术的应用

路面二维检测的商用产品投入使用 20 多年来，具有代表性的国内外路面状况检测系统主要有：①加拿大 Roadware 公司开发的 ARAN 系统；②美国 Waylink 公司与美国阿肯色大学（University of Arkansas）共同研发的多功能道路检测车（Digital Highway Data Vehicle，DHDV）；③澳大利亚公路研究所（The Australian Road Research Board，ARRB）研发的鹰眼 2000（Hawkeye2000）快速检测系统；④武汉武大卓越科技有限责任公司生产的 ZOYON-RTM 智能道路路面检测系统；⑤交通运输部公路科学研究院公路养护管理研究中心研究开发的 CiCS 路状快速检测系统。

加拿大 Roadware 公司在 1996 年开发了路面裂缝检测设备——ARAN 系统。该系统采用模块化的设计理念，将测量各种道路参数的子系统集成到改装车中，如图 5-4 所示。ARAN 系统采用面阵扫描摄像机获取路面病害信息，图像分辨率为 2 mm，该系统可同时采集路面破损、路面平整度、路面车辙和路面前方图像数据，车速可达 80 km/h。同时，由于 ARAN 系统采用了高强度同步闪光，使其可以全天候进行检测工作。相应的处理软件

图 5-4　路面裂缝检测设备——ARAN 系统

WiseCrax 可以实现路面裂缝的识别、测量和分类。

20 世纪 90 年代初，美国 Waylink 公司与美国阿肯色大学（University of Arkansas）联合开发了高速公路多功能道路检测车（DHDV），如图 5-5 所示。DHDV 采用线阵相机和高能量线激光照明器，相机覆盖范围为 4 m 宽的车道，图像分辨率为 4 000×2 000 像素。该系统能够在 100 km/h 车速下获取全车道的路面病害信息，并通过配套的自动病害分析软件（Automated Distress Analyzer，ADA）来获得路面破损信息。

图 5-5　DHDV 多功能道路检测车

Hawkeye2000 是由澳大利亚公路研究所（ARRB）研发的快速检测系统。该系统由数字断面系统、图像系统、GPS&DGPS 系统、GIPSI 几何系统、采集系统和数据处理系统六大部分组成，如图 5-6 所示。Hawkeye2000 系统可在 110 km/h 车速下同时采集路面平整度、车辙、破损、沿线交通设施、路面横纵坡和几何线形等数据，同时可以采用快速压缩技术，对图像数据进行实时压缩并通过工业采集卡将图片及时存储到计算机硬盘中。该系统对于车辙的检测精度可达 0.5 mm，路面破损图像的像素数量为 1 280×960，分辨率为 2.5 mm，检测宽度为 3.2 m，GPS 系统可实现 1 m 范围内的定位精度。

图 5-6　ARRB 研发的 Hawkeye2000 快速检测系统

2007 年，武汉武大卓越科技有限公司研发了 ZOYON-RTM 智能道路路面检测系统，如图 5-7 所示。该系统采用高分辨率线阵扫描相机和红外激光照明技术，在同步控制器的触发控制下对路面进行高速连续拍摄。该系统横向检测宽度大于 3.75 m，图像分辨率为 1 mm，最高检测速度可达 120 km/h。

图 5-7　ZOYON-RTM 智能道路路面检测系统

2006 年，交通运输部公路科学研究院公路养护管理研究中心在西部交通建设科技项目和国家高技术研究发展计划的研究成果基础上，研发了基于线扫技术的路况快速检测系统 CiCS(Cracking image Collection System)，如图 5-8 所示。该系统采用线阵相机和结构光照明，能够快速、准确地采集路面损坏信息，系统的分辨率为 1 mm，检测的车道宽度为 2～3.6 m，检测速度可达 100 km/h。与该系统配套的 CiAS(Cracking image Analysis System)分析软件能够自动识别和处理由 CiCS 采集到的路面损坏图像，并从中找出裂缝位置，计算路面裂缝特征参数。

图 5-8　CiCS 路况快速检测系统

5.2.3　三维图像激光测量技术

路面是一个三维立体的客观实体，由于二维检测技术的限制，多年来均将路面划分为纵断面、横断面、纹理等指标进行单独检测或多指标同时检测，这些指标仅反映了路面的二维性能，而一些路面信息诸如车辙、拥包、坑槽、频谱等则反映了路面的三维信息，但二维检测方法无法准确给出结果，因此研究路面的三维检测技术已成为当前道路检测技术的发展方向。在二维路面检测设备的基础上，三维路面检测设备在路面损坏检测、车辙检测、照明及图像识别等方面取得了重大突破，这使得路面快速检测技术最终走向成熟。目前，三维道路检测系统主要基于三维结构光扫描技术、激光扫描仪技术、双目视觉立体成像技术等检测手段。本节将简要介绍这三种技术。

1. 三维结构光扫描技术

三维路面检测主要的检测方法都是基于结构光三角测量原理。其主要技术特征如下：①广泛采用线扫描相机技术和红外激光照明技术，使图像质量更加稳定；②采用线激光三维检测技术，提高了检测精度和检测系统的稳定性。以两个 CCD 线扫描相机和两个红外激光照明器组成的路面损坏检测系统为例，两个线扫描相机和两个红外激光照明器被安装在检测车后方上部的横梁上，相距 2 m，其中左侧的红外激光照明器与右侧的 CCD 线扫描相机处在同一水平线，右侧的红外激光照明器与左侧的 CCD 线扫描相机处在同一水平线。当系统开始检测时，左侧的激光照明器为右侧的相机提供光源，右侧的激光照明器为左侧的相机提供光源，CCD 线扫描相机在红外激光照明器提供光源的情况下，对路面进行实时拍照。该系统与测距仪相关联，每经过一段距离即可形成一张图像。采集的图像数据再经过图像数据采集卡传给计算机，计算机通过图像快速压缩软件将图像压缩并保存在硬盘中。

2. 激光扫描仪技术

激光扫描仪技术可以高效、准确地获取场景的三维点云，提供丰富的道路细节信息，适用于道路中地物要素的提取。激光扫描仪主要由一台高精度的激光测距仪和一组反射棱镜组成。激光测距仪对被摄物体发射激光并接收其表面反射的信号，从而获取物体的三维激光点云，并创建道路高精度三维数字模型，随后从生成的点云中提取损伤特征。虽然，激光扫描可提供精确的道路损坏区域的三维信息，从而准确地检测损坏区域，但其获得的非结构三维点云数据需要进行一系列预处理，主要内容包括配准拼接、坐标转换、路面点云提取、点云去噪和数据精简等操作。

车载激光点云是在移动载体上采用激光测量技术，获取的密集激光点的集合具有以下几个特点：①蕴含目标信息丰富。车载激光原始点云中主要属性信息包括三维空间坐标、扫描时间、反射强度和卫星在某一时段的信号质量等。②目标种类多样，数据量大。车载激光扫描以一种主动式非接触测量方式进行数据采集，所有在扫描范围内的目标都会被获取到，形成点云数据，以实现空间真实场景的还原。③数据不完整。系统搭载的激光扫描仪以侧视的角度对地物进行周期性扫描，导致数据采集过程中存在扫描盲区。④点云数据离散不均匀。由于地形起伏、地面建筑物及构筑物的存在，激光点云在空间上呈现出离散、不均匀分布的特点。

3. 双目视觉立体成像技术

双目相机通过两个摄像头拍摄图像可以获得立体像对，通过计算两幅图像内匹配点与待匹配点间的视差来计算深度信息。利用双目立体视觉技术能实现道路表面的三维重构，获取路面深度信息，实现对道路路面损坏的检测。双目立体视觉类似于人类的双眼，通过双目相机拍摄同一场景，通过相机成像原理获取左、右两幅视点图像，计算世界坐标系中的空间点映射到左、右图像像素的坐标偏差，从而获取三维场景的空间信息。

基于双目视觉的路面检测系统的检测方法主要是采用LED线光源作为辅助光源，使其垂直照射于路面，使用左右两个CCD线扫描机获取路面成像，CCD的中心轴不能与线光源平行，应与其保持30°～60°的夹角。由于LED线光源照在路面上形成的是一条宽度很窄的光带，如果路面不存在损坏缺陷，在不考虑路面形状误差与相机畸变因素的前提下，光带的成像从任何角度观察均应是直线。当路面存在凹坑损坏，光带将在凹坑缺陷处发生形状变化，由于光带上各点的深度不同，根据三维投影变换成像原理，其最终成像到相机上的位置将不同，因此其成像将是一条变形的光带，这样就可通过像方坐标与物方坐标的转换关系来计算光带上每个点的实际坐标值，从而可以确定缺陷的断面形状及深度。

5.2.4 三维路面自动化检测技术的应用

截至目前，已投入三维路面检测的商用产品有：①加拿大INO公司的LCMS/LRIS检测系统；②加拿大Roadware公司的ARAN系统；③美国Dynatest公司的路面状况查询系统；④澳大利亚ARRB公司的H2000系列检测车；⑤美国PSI (Pathway Services Inc)公司的Path Runner道路检测系统；⑥美国Waylink公司与美国阿肯色大学合作推出的PaveVision3D Ultra检测系统；⑦德国的3D Mapping道路激光扫描仪检测系统；⑧德国Chromasens公司的3DPIXA技术。

1. 激光三角测量法应用

2008年，加拿大INO公司推出激光裂缝测量系统(LCMS)，如图5-3(a)所示，利用两套高能量线激光器和TDI线扫描相机实现横向视野范围覆盖全车道(4 m)的路面检测，系统速度高达100 km/h，横向分辨率为1 mm，深度精度为0.5 mm，并且该产品软件还在逐步优化。图5-3(b)中为激光路面检测系统(LRIS)，通过激光线交叉照射，系统可以捕获更细微的裂缝信息。

对于加拿大Roadware公司的ARAN系统、美国Dynatest公司的路面状况查询系统和澳大利亚ARRB公司的H2000系列检测车，如图5-9(a)、(b)、(c)所示，虽然都采用加拿大INO公司的硬件设备，其性能指标和LCMS/LRIS性能指标相同，INO LCMS传感器如图5-9(d)所示，但区别在于裂缝自动识别软件的算法各有不同。

(a) 加拿大 Roadware 公司的 ARAN 系统

(b) 美国 Dynatest 公司的路面状况查询系统

(c) 澳大利亚 ARRB 公司的 H2000 系列检测车

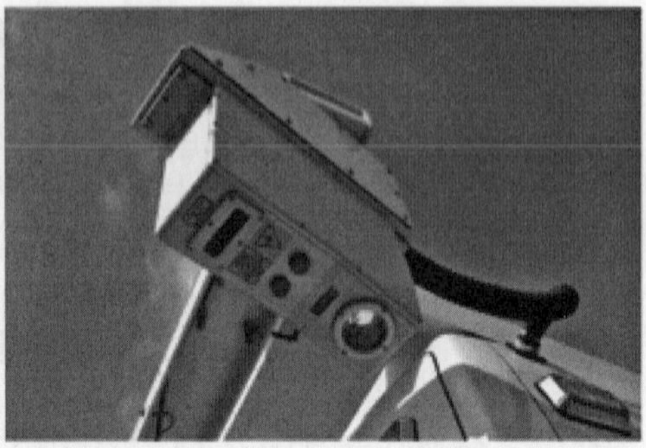

(d) INO LCMS 传感器

图 5-9　路面自动检测系统

美国 PSI 公司推出的 Path Runner 道路检测系统，如图 5-10 所示。该系统在检测路面车辙时，采用了 INO 激光测量系统（LRMS），能在正常车速下获取一个高速公路车道的全部 4 m 宽横断面，利用两个断面仪实时获取路面形状，同时，采用 6 000 像素线性扫描摄像头拍摄图像，可清晰地显示小于 1 mm 的裂缝，能够实现平整度、车辙、纹理和裂缝等数据的同时采集。道路的数字图像数据可以用来对道路安全标志和护栏进行归档管理。然而，整套系统由于成本太高，因此不利于后期对仪器设备的维护和保养。

(a) 检测车

(b) INO LRMS 传感器

图 5-10　Path Runner 道路检测系统

2011 年，美国 Waylink 公司与美国阿肯色大学合作推出了高速公路多功能道路检测车(DHDV)。在近几年的不断深入研究中，该团队对硬件系统和软件系统均进行了更新和升级。2013 年至今，该团队研制出的 PaveVision3D Ultra 检测系统选用 8 个三维相机、2 个线扫描相机、2 个高能量线激光器，完成速度在 100 km/h 情况下检测路面宽度达 4 m，横向分辨率为 1 mm，深度精度为 0.3 mm，纵向采样间隔为 1 mm 的路面三维检测，如图 5-11 所示，并配备二维相机，采集的数据与三维数据进行互补。软件系统采用三维自动病害分析软件(3D Automated Distress Analyzer, 3D ADA)和基于多媒体的公路信息系统(Multimedia based Highway Information System, MHIS)，从而更加高效地获取路面破损信息。

图 5-11　PaveVision3D Ultra 检测系统

2. 激光扫描仪应用

在激光扫描仪应用方面，德国 3D Mapping Solution 公司推出了两套基于 IMAGER 5006 激光扫描仪的道路检测系统(3D Mapping)，如图 5-12 所示。检测车以低速通过路段，扫描仪以 5 mm×5 mm 的方格为单位构建表面模型，通过连续采集获取完整的路面点云数据，并采用不同的颜色来反映路面的垂直距离即路面深度，以便于进一步提取路面病害情况。在检测车的硬件搭建中，提到了 FARO LS 880/FARO Photon 和 Leica HDS 6000 激光扫描仪设备。

图 5-12　3D Mapping 道路激光扫描仪检测系统

3. 3DPIXA 技术的应用

2015 年 8 月，德国 Chromasens 公司推出了 3DPIXA，并在路面检测上应用，如图 5-13

所示。每个相机精度是 4 096 像元，检测速度范围为 5～100 km/h，二维方向分辨率是 1 mm，三维方向即深度方向获取的是分辨率为 1 mm 条件下的视差数据、校正数据和点云数据等三维数据。但经过实地调研证实，该套系统并没有真正推向市场，主要原因是系统的稳定性易受光源、尘土、震动等环境因素的影响，且对软件算法的要求极高，目前正在进一步测试研究过程中。

图 5-13　德国 Chromasens 公司的 3DPIXA 在路面检测方面的应用

5.3　路面损坏技术状况评定

根据《公路技术状况评定标准》(JTG 5210—2018)，沥青路面损坏分为裂缝类、松散类、变形类和其他类。其中，裂缝类损坏包括龟裂、块状裂缝、纵向裂缝、横向裂缝等；松散类损坏包括坑槽、松散等；变形类损坏包括沉陷、车辙、波浪拥包等；其他类损坏包括泛油、修补等。沥青路面各种损坏类型的定义、分级指标和计量方法，见表 5-1。评价指标为路面损坏状况指数(PCI)［路面破损率(DR)技术状况］。

表 5-1　沥青路面各种损坏类型的定义、分级指标和计量方法

损坏类型		分级	定义	分级指标	计量方法
裂缝类	龟裂	轻	初期裂缝，裂缝区无变形、无散落，缝细	0.2 m＜主要块度≤0.5 m；主要缝宽≤2 mm	按面积计量：当相邻龟裂的间距小于龟裂损坏区域的同向尺寸时，应按连续面积计量
		中	龟裂的发展期，龟裂状态明显，裂缝区有轻度散落或轻度变形	部分块度≤0.2 m；2 mm＜主要缝宽≤5 mm	
		重	龟裂特征显著，裂块较小，裂缝区变形明显，散落严重	大部分块度＜0.2 m；主要缝宽＞5 mm	
	块状裂缝	轻	缝细，裂缝区无散落	大部分块度＞1.0 m；主要缝宽≤3 mm	按面积计量：当相邻块状裂缝的间距小于块状裂缝损坏区域的同向尺寸时，应按连续面积计算
		重	缝宽，裂缝区有散落	0.5 m＜主要块度≤1.0 m；主要缝宽＞3 mm	

（续表）

损坏类型		分级	定义	分级指标	计量方法
裂缝类	纵向裂缝	轻	缝细、裂缝壁无散落或有轻微散落，无支缝或有少量支缝	缝宽≤3 mm	按长度计算
		重	缝宽、裂缝壁有散落、有支缝	主要缝宽>3 mm	
	横向裂缝	轻	缝细、裂缝壁无散落或有轻微散落	缝宽≤3 mm	按长度计算
		重	缝宽、裂缝贯通整个路面、裂缝壁有散落并伴有少量支缝	主要缝宽>3 mm	
松散类	坑槽	轻	坑浅，面积小	缝宽≤3 mm	按面积计算
		重	坑深，面积较大	主要缝宽>3 mm	
	松散	轻	路面细集料散失、脱皮、麻面、露骨等表面损坏	—	按面积计算
		重	路面粗集料散失、脱皮、麻面、露骨、表面剥落、有小坑洞	—	
变形类	沉陷	轻	路面局部下沉，深度浅，行车无明显不舒适感	10 mm<深度≤25 mm	按面积计算
		重	路面局部下沉，深度较深，正常行驶有明显感觉	深度>25 mm	
	车辙	轻	轮迹处有纵向带状辙槽，辙槽浅	10 mm<深度≤15 mm	按长度计算
		重	轮迹处有纵向带状辙槽，辙槽深	深度>15 mm	
	波浪拥包	轻	波峰与波谷高差小	10 mm<高差≤25 mm	按面积计算
		重	波峰与波谷高差大	高差>25 mm	
其他类	泛油	—	路面沥青被挤出或表面被沥青膜覆盖形成发亮的薄油层	—	按面积计算
	修补	—	龟裂、坑槽、松散、沉陷、车辙等的修补面积或修补影响面积	—	按面积计算

5.3.1　路面损坏状况指数(PCI)评价模型

路面损坏状况是影响行驶质量的一项重要因素，因此 PCI 指标被定义为路面损坏的函数，具体计算方法如下：

$$PCI = 100 - a_0 DR^{a_1} \tag{5-1}$$

$$DR = 100 \times \frac{\sum_{i=1}^{i_0} \omega_i A_i}{A} \tag{5-2}$$

式中　PCI ——路面损坏状况指数；

DR ——路面破损率，即各种损坏的折合损坏面积之和与路面调查面积之百分比，%；

A_i ——第 i 类路面损坏的面积，m^2；

A ——调查的路面面积(调查长度与有效路面宽度之积)，m^2；

ω_i ——第 i 类路面损坏的权重，沥青路面按表 5-2 取值；

a_0——沥青路面采用 15.00；

a_1——沥青路面采用 0.412；

i ——考虑损坏程度(轻、中、重)的第 i 项路面损坏类型；

i_0——包含损坏程度(轻、中、重)的损坏类型总数，沥青路面取 21。

裂缝是路面损坏的主要表现形式之一，裂缝率指标 CR 的具体计算方法如下：

$$CR = 100 \times \frac{\sum_{j=1}^{j_0} A_j}{A} \tag{5-3}$$

式中　CR ——路面裂缝率(Pavement Crack Ratio)，即各种裂缝的折合损坏面积之和与路面调查面积之百分比，%；

A_j ——第 j 类路面裂缝损坏的面积，m^2；

A ——调查的路面面积(调查长度与有效路面宽度之积)，m^2；

j ——考虑损坏程度(轻、中、重)的第 j 项路面裂缝损坏类型。

表 5-2　沥青路面损坏类型和权重

类型(i)	损坏名称	损害程度	权重(ω_i)	计量单位
1	龟裂	轻	1	面积 m^2
2		中		
3		重		

（续表）

类型（i）	损坏名称	损害程度	权重（ω_i）	计量单位
4	块状裂缝	轻	0.8	面积 m^2
5		重		
6	纵向裂缝	轻	2	长度 m （影响宽度：0.2 m）
7		重		
8	横向裂缝	轻	2	长度 m （影响宽度：0.2 m）
9		重		
10	坑槽	轻	1	面积 m^2
11		重		
12	松散	轻	1	面积 m^2
13		重		
14	沉陷	轻	1	面积 m^2
15		重		
16	车辙	轻	—	长度 m （影响宽度：0.4 m）
17		重		
18	波浪拥包	轻	1	面积 m^2
19		重		
20	泛油	—	0.2	面积 m^2
21	修补	—	0.1(0.2)	面积 m^2

5.3.2 评价标准

根据《公路技术状况评定标准》(JTG 5210—2018)，路面损坏状况被划分为优、良、中、次、差五个等级，高速公路道路的相关评价标准以及检测和评价指标之间的对应关系见表 5-3。路况检查缺陷汇总表示例见表 5-4。

表 5-3 路面损坏状况评价等级和评价标准

路面损坏状况指数	评价等级				
	优	良	中	次	差
PCI	≥92	≥80，<92	≥70，<80	≥60，<70	<60

表 5-4　路况检查缺陷汇总表示例

×××维护站××高速第一车道下行路况检查缺陷汇总表

桩号		龟裂/m^2			块状裂缝/m^2		纵向裂缝/m^2		横向裂缝/m^2		坑槽/m^2		松散/m^2		沉陷/m^2		泛油/m^2	修补/m^2		CR	DR	PCI	评价
开始桩号	结束桩号	轻	中	重	轻	重	轻	重	轻	重	轻	重	轻	重	轻	重	—	块状	条状				
		1.0			0.8		2.0		2.0		1.0		1.0		1.0		0.2	0.1	0.2				
K383+040	K382+040	1.59	0	0	0	0	0.68	0	0	0	2.84	0	42.3	0	0	0	0	0	87.09	0.07%	1.99%	80.1	良
K382+040	K381+040	0	0	0	0	0	0	0	0	0	0	0	2.87	0	0	0	0	1.37	33.49	0	0.29%	90.94	良
K381+040	K380+040	0	0	0	0	0	0	0	0	0	0	0	0	0	0	0	0	0	51.79	0	0.31%	90.69	良
K380+040	K379+040	1.06	0	0	0	0	2.86	0	0.17	0	1.37	0	0.69	0	0	0	0	0	134.46	0.12%	1.09%	84.43	良
K379+040	K378+040	0	0	0	0	0	0	0	0	0	0.53	0	0	0	0	0	0	0	83.95	0	0.53%	88.49	良
K378+040	K377+040	0	0	0	0	0	0	0	0	0	0	0	0	0	0	0	0	0	283.79	0	1.72%	81.24	良
K377+040	K376+040	0	0	0	0	0	0.61	0	0.19	0	0	0	0	0	0	0	0	0.73	303.31	0.02%	1.89%	80.5	良
K376+040	K375+040	0	0	0	0	0	0	0	0.26	0	0	0	0	0	0	0	0	0	327.81	0.01%	2%	80.03	良
K375+040	K374+040	0	0	0	0	0	0	0	0	0	0	0	0	0	0	0	0	0	96.23	0	0.58%	87.98	良
K374+040	K373+040	0	0	0	0	0	0	0	0	0	0	0	0	0	0	0	0	0	0	0	0	100	优
K373+040	K372+040	0	0	0	0	0	0	0	0	0	0	0	0	0	0	0	0	0	0	0	0	100	优
K372+040	K371+040	0	0	0	0	0	0	0	0	0	0	0	0	0	0	0	0	0	0	0	0	100	优
K371+040	K370+040	0	0	0	0	0	0	0	0	0	0	0	0	0	0	0	0	0	0	0	0	100	优
K370+040	K369+040	0	0	0	0	0	0	0	0	0	0	0	0	0	0	0	0	0	0	0	0	100	优
K369+040	K368+040	0	0	0	0	0	0	0	0	0	0	0	0	0	0	0	0	0	0	0	0	100	优
K368+040	K367+040	0	0	0	0	0	0	0	0	0	0	0	0	0	0	0	0	0	0	0	0	100	优
小计		130.77	0	0	7.9	0	25.58	0.66	7.54	0	13.33	0	165.78	0	2.64	0	8.56	5.69	2 711.12				

第 6 章 道路桥头沉降检测技术及状况评定

6.1 道路桥头沉降

6.1.1 桥头沉降的成因及危害

桥梁与路基、路面相比，在组成材料、刚度、强度、胀缩性等方面存在差异，且桥头连接处受力时易形成集中应力。在车辆荷载、结构自重、自然因素、土体压缩等作用下，桥梁与道路虽然同时发生沉降，但二者的沉降量有较大差异，即道路的沉降量远大于桥梁的沉降量，进而形成二者间的错台或道路纵坡的突变差异。这样的桥头沉降发生后，车辆在经过公路桥头的伸缩缝(桥接缝)时就会因二者的差异沉降产生跳跃，这样的现象被称为“桥头跳车”。

桥头沉降问题及其引发的桥头跳车所造成的车辆颠簸会增加其对路面的冲击荷载，一方面加快了道路与桥梁的损坏速度，缩短了桥梁的使用寿命；另一方面降低了车辆的通过速度，影响了驾驶员和乘客的乘坐舒适度，严重时还会造成驾驶员难以把握转向盘，从而引发交通事故。因此，国内外众多学者开展了大量针对桥头沉降的研究，包括成因与危害、检测评价方法、处治措施等，并获得了丰富的研究成果。

6.1.2 桥头沉降的分类

对于道路桥头沉降，可从成因、严重程度、线形特征等多个角度对其进行分类。一些学者基于线形特征将其分为渐变型、马鞍型、错台型、曲线型、指数型和折线型等多种类型；也有学者综合已有研究成果，将一些共有特征合并，归纳总结出更为精简、直观、科学的分类依据。这里介绍其中一种桥头沉降分类方法。

桥头沉降被分为错台型、折线型和曲线型三类，如图 6-1 所示。错台型沉降指因路桥差异沉降或路面材料剥落产生的路桥连接处台阶状沉降，如图 6-1(a)、(d)所示；折线型沉降常发生在设有桥头搭板的路桥过渡段，显现出纵坡变化较为均匀的折线，如图 6-1(b)、(e)所示；发生桥头沉降后，道路纵断面线呈现出曲线特征，这种桥头沉降被称为曲线型沉降，如图 6-1(c)、(f)所示。

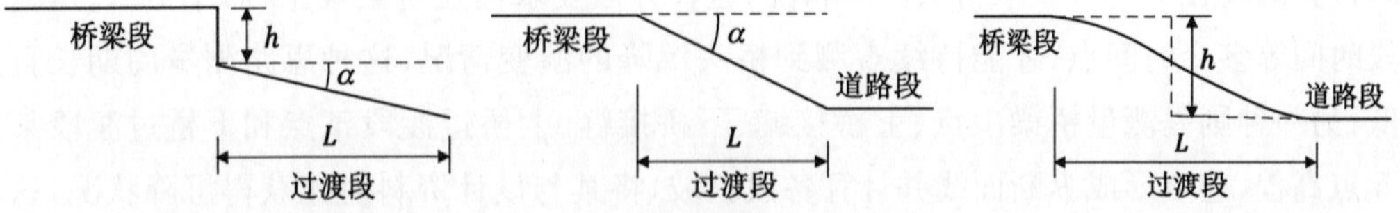

(a) 错台型沉降示意　　(b) 折线型沉降示意　　(c) 曲线型沉降示意

(d) 错台型沉降实例　　(e) 折线型沉降实例　　(f) 曲线型沉降实例

图 6-1　三类桥头沉降

6.2　道路桥头沉降检测技术

6.2.1　人工检测方法

人工检测方法是指检测人员借助设备达到检测目的的一类方法，主要分为两种：三米直尺检测法和水准仪检测法。

三米直尺法是测量桥头沉降最简便的方法，如图 6-2 所示，检测人员将三米直尺置于路桥连接处，三米直尺一端置于道路侧，另一端置于桥梁侧，然后将塞尺塞入尺底与路面的间隙处，并读取最大间隙值及计算合格率，以此来实现对桥头沉降的量化。三米直尺法检测效率低，且最大间隙处的选取往往具有很大的主观性，故此方法逐渐被更高效、更客观的方法所取代。

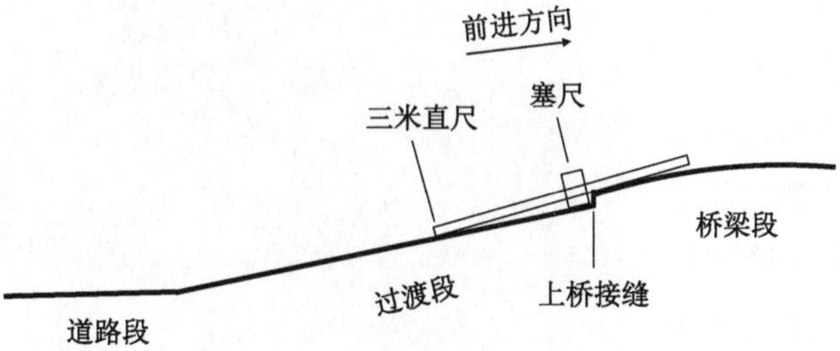

(a) 测量示意

(b) 测量实例

图 6-2　三米直尺检测桥头沉降示意

水准仪检测法一般包含两种测量思路：一种是利用水准仪定点观测路桥连接处等显著沉降位置的高程变化来获取桥头沉降状况，这种方法要求覆盖桥梁竣工、通车运营、运营后一段时间等多个时间点，才能持续观测到桥头沉降的演变情况，这种思路测量周期长且效率低；另一种则是测量桥梁中点、上桥接缝、下桥接缝、上桥过渡段某点和下桥过渡段某点共 5 点高程，连点形成纵断面线并计算各段纵坡，将其与设计资料对比获得沉降状况，这种思路测量周期短，但由于设计资料的获取难度大，因而具有很大的局限性。图 6-3 是利用水准仪测量上桥段 3 点高程的示意图，其中 l_1、l_2 利用卷尺测量即可。

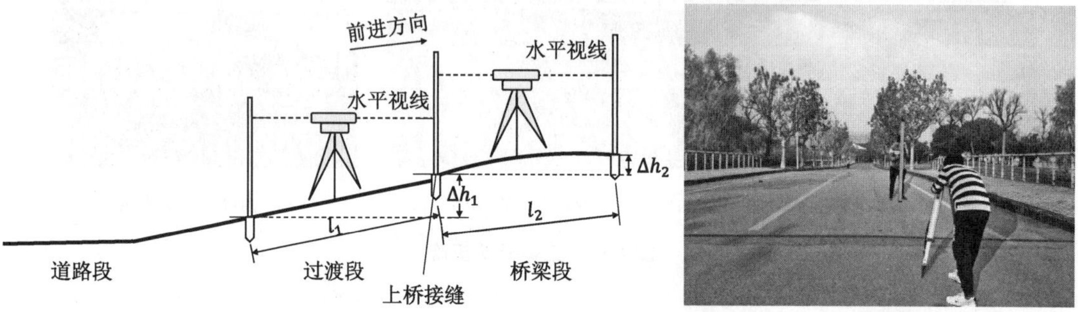

(a) 测量示意　　(b) 测量实例

图 6-3　水准仪检测桥头沉降示意

6.2.2　基于平整度的间接检测方法

由于部分桥头沉降问题会导致路面平整度恶化，故借助平整度来间接反映桥头沉降状况也是目前研究的一种思路。此方法依托平整度检测设备来检测路面平整度，进而实现对桥头沉降的检测，不同仪器检测的区别主要在于检测指标、原理和自动化程度等方面。

连续平整度仪(图 6-4)前后各装有 4 个行车轮，中间有一个能在垂直方向上自由活动的测定轮，其上装有位移传感器和距离传感器，当使用牵引车牵引此设备以 10 km/h 左右的速度沿车道线测量时，传感器每隔一定距离测量测定轮的垂直位移，再通过数理统计计算 100 m 内的数据方差，即标准偏差 σ，利用此指标来量化桥头沉降，即认为 σ 越大，桥头沉降越严重。手推式平整度仪(图 6-5)的检测原理与连续平整度仪类似，也是通过内部一自由活动的测定轮来检测平整度从而达到检测桥头沉降的目的。手推式平整度仪由于受检测人员手推驱使，故行进速度较慢，且易受到交通流的干扰。

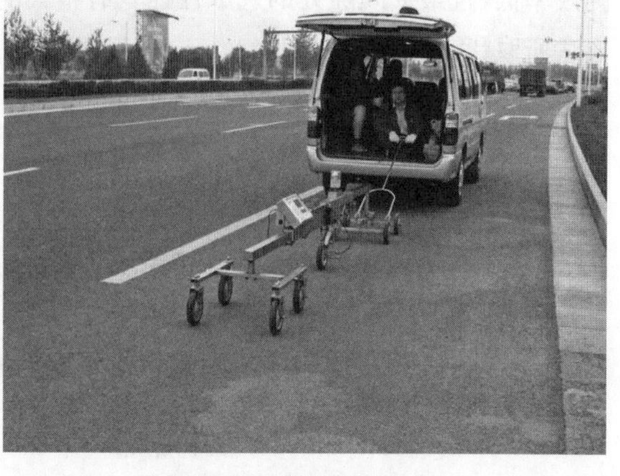

图 6-4　连续平整度仪

图 6-5　手推式平整度仪

车载式颠簸累积仪(图 6-6)置于检测车内并与地板刚性连接,它通过测量车后轴与车厢间的单向位移累积值来表征路面的凹凸状况,路面平整度累积值越小,路面平整度就越好,桥头沉降越轻;反之,桥头沉降越严重。激光平整度仪(图 6-7)利用固定在车悬架上的激光发生器测量激光束反射路面的时间来反算路面微观高程,这个信号同车载加速度计信号互差,消除了车辆自身的颠簸,输出路面的真实信号高程,并通过对数据的处理得到国际平整度指数(IRI),以此来评价桥头沉降状况。

由于错台型桥头沉降具有局部沉降特征,其局部高程发生突变,相应地,其对应位置的平整度也会发生突变,故上述技术对这类短波长即错台型桥头沉降能达到较好的检测效果。然而,折线型和曲线型两种桥头沉降由于具有区段性和渐变性,导致路面在较长距离内无平整度突变的情况,故上述技术对这类长波长即非错台型桥头沉降灵敏度较低,因此,平整度检测技术的普适性不强,难以适应广泛的检测要求。

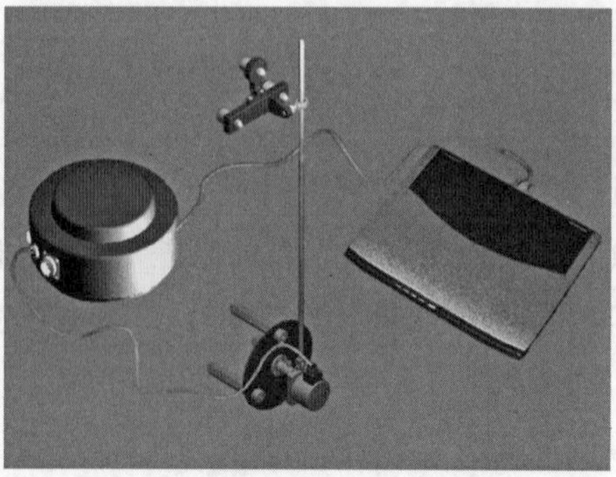

图 6-6　车载式颠簸累积仪

图 6-7　激光平整度仪

6.2.3　基于车辆振动和主观打分法的检测方法

桥头沉降会造成车辆振动(颠簸)以及让车上人员的乘坐舒适性变差,ISO 国际振动标准 *Mechanical vibration and shock-Evaluation of human exposure to whole body vibration-Part 1: General Requirements*(《机械振动与冲击　人体暴露于全身振动的评价　第 1 部分:一般要求》)和我国标准《汽车平顺性试验方法》(GB/T 4970—2009)均建立了车辆振动与乘坐舒适性之间的联系,故国内外部分研究通过引入四分之一车模型(图 6-8)来探究检测车经过沉降处时的振动加速度变化,以达到检测桥头沉降的目的。同时,考虑到桥头沉降引发的桥头跳车会影响乘客乘坐的舒适性,一些研究也通过人员主观打分、烦恼率等心理学指标及人员的心率变化等主观方式来检测桥头沉降状况。

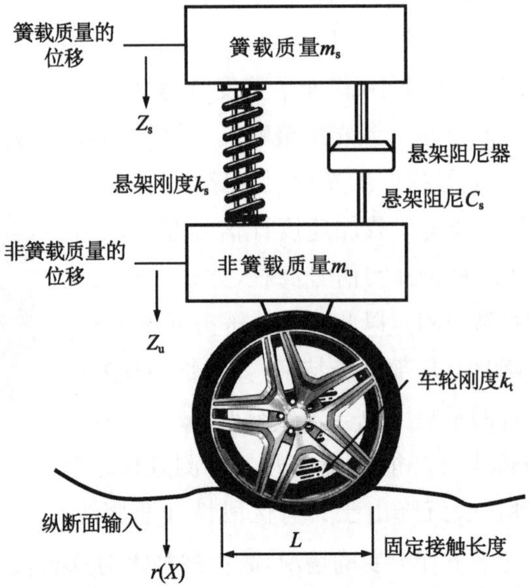

图 6-8　四分之一车模型

6.2.4　现行国家标准规定的检测方法

《公路技术状况评定标准》(JTG 5210—2018)中新增了路面跳车内容，它规定消除纵坡和异常值对路面高程的影响后，使用自动化断面类设备检测路面纵断面高差，再基于此计算路面跳车。具体检测方法是，以 0.1 m 为采样间隔、10 m 为统计单位来计算 10 m 长度内路面纵断面最大高程与最小高程之差，如式(3-23)所示。

上述自动化断面类设备要求能够检测路面纵断面高程，其检测系统主要包括惯性导航系统(图 6-9)和纵向距离传感器(图 6-10)。前者用于检测俯仰角(道路纵坡)，后者用于检测车辆实时行驶距离，并通过式(6-1)、式(6-2)得到各采集点的纵断面高程。

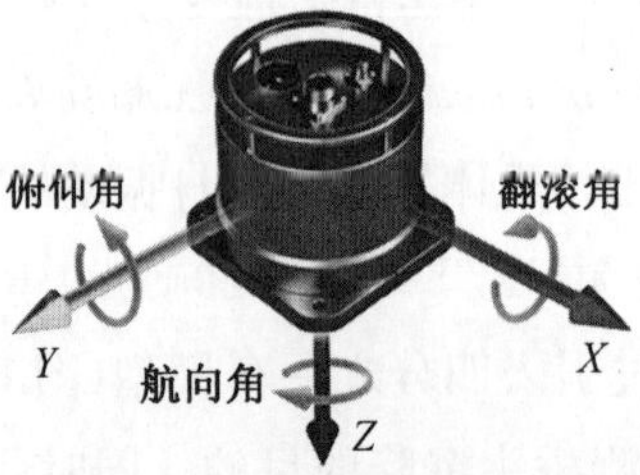

图 6-9　惯性导航系统

图 6-10　纵向距离传感器

$$h_i = (L_i - L_{i-1})\sin\theta_{i-1}, \quad i = 2, 3, 4, \cdots, n \tag{6-1}$$

$$H_n = \sum_{i=2}^{n} h_i, \quad i = 2, 3, 4, \cdots, n \tag{6-2}$$

式中　h_i——第 i 点较前一点的高程变化值，m；

H_n——第 n 点相对出发点的高程，m；

n——系统采集点的总数；

L_i、L_{i-1}——第 i 点和第 $i-1$ 点处检测车的累计行驶距离，m；

θ_{i-1}——系统采集的第 $i-1$ 点的俯仰角，(°)，上坡为正，下坡为负。

值得注意的是，路面跳车针对局部突起和凹陷性质的路面病害，即错台型桥头沉降是路面跳车的计算对象，而对于折线型和曲线型桥头沉降则不适用，故目前还存在一定的研究和规范空白。

6.2.5　前沿检测技术

利用断面类设备测量道路纵断面高程来检测桥头沉降的方法易受到车辆颠簸、数据误差等因素的影响，目前针对桥头沉降有一种较为前沿的方法：利用车载相机与线形检测模块协同作用（图 6-11），即相机模块连续拍摄路面图像，线形检测模块采集与图像位置对应的高程数据，实现“以图定线，以线验图”，基于道路纵断面线来检测分析桥头沉降。

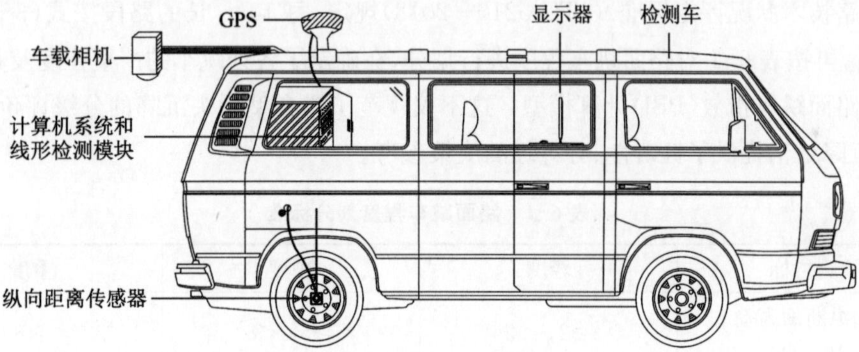

图 6-11　基于车载相机与线形检测模块协作的检测技术示意

综合上述桥头沉降检测技术可知，无论是人工检测法还是自动化检测法，均为单车道检测模式，即要完成桥头所有车道的沉降检测须要各条车道逐一测量，这样会大大增加检测成本，因此未来亟须一种可以一次性覆盖多条车道的检测技术。目前，LiDAR 激光雷达在自动驾驶领域应用广泛，它是从高空间采集对象的三维点云，再对点云做特定任务分析的一种检测技术。随着相关技术、理论和算法的不断发展，未来可应用激光雷达技术从高空间采集多车道路面点云数据（图 6-12），再基于点云完成桥头沉降的一次性多车道计算与评价。这种思路能够完美地解决当前的技术瓶颈，可以预见的是，它将是未来相关研究的前沿阵地。

(a) 激光雷达示意

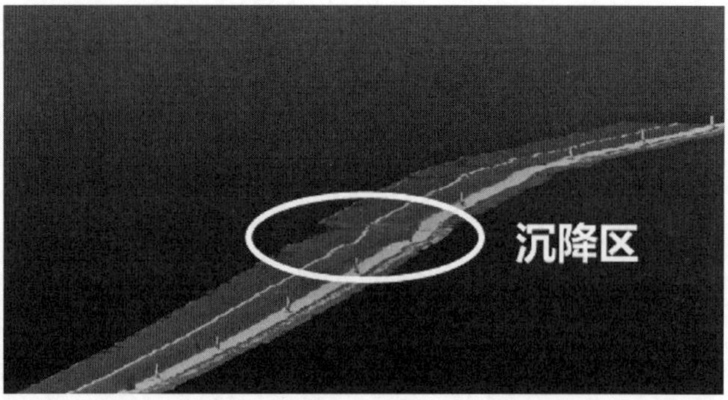

(b) LiDAR 采集的多车道桥头三维点云图

图 6-12 LiDAR 激光雷达及其采集的桥头三维点云图

6.3 道路桥头沉降技术状况评定

6.3.1 标准规范规定的评价方法

《公路技术状况评定标准》(JTG 5210—2018)规定，每 10 m 长的路段按式(3-23)计算出 Δh 后，再按表 6-1 对路面跳车程度进行划分，在确定了各处跳车的严重程度及其扣分值后，计入路面跳车指数(PBI)计算模型。这不仅规范了错台型桥头沉降的分级评价，也为此类桥头沉降处治提供了针对性、分等级的决策参考。

表 6-1 路面跳车程度划分标准

检测指标	轻度	中度	重度
路面纵断面高差(Δh)/cm	≥2, <5	≥5, <8	≥8

除此之外，前述的 ISO 国际振动标准和我国标准《汽车平顺性试验方法》(GB/T 4970—2009)虽然未直接对桥头沉降条件下的汽车振动和人体感受给出规范，但鉴于桥头沉降直接反映在车辆颠簸和人体乘坐舒适性等方面，故上述两项标准中基于汽车振动加速度均方根的 6 级体系(表 6-2)也被视为桥头沉降的一种评价方法。

表 6-2 加速度均方根与人体感受对照表

加速度均方根/($m \cdot s^{-2}$)	<0.315	0.315～0.63	0.5～1.0	0.8～1.6	1.25～2.5	>2.0
人体感受	没有不舒适	有些不舒适	不舒适	相当不舒适	很不舒适	极不舒适

从表 6-2 可以看出，6 级评价标准存在重叠的情况，例如，当加速度均方根为 0.6 m/s^2 时，桥头沉降情况下的人体感受究竟被划归为“有些不舒适”还是“不舒适”就存在疑问，故这种评价方法存在一定缺陷。

6.3.2　现有研究成果中的评价方法

目前用于评价桥头沉降的指标主要有工后沉降量、路与桥纵坡差值和桥面与路面间错台高度，这三种指标均从道路自身进行评价，其中错台高度对应错台型桥头沉降。《公路技术状况评定标准》(JTG 5210—2018)已对路面跳车建立了轻度、中度和重度三等级评价体系。基于前两种指标，一些学者针对桥头沉降开展了相关研究，也有将桥头沉降引发的桥头跳车作为评价对象，并建立了多等级桥头沉降(跳车)评价体系。

1. 基于工后沉降量进行评价

对于不区分桥头搭板设置与否的桥头，一些学者通过控制车速这一变量，对车上人员采用问卷调查和主观评分的方法，以桥头跳车为研究对象建立了四等级评价体系，即车辆以 100 km/h 的速度驶过实验段时，桥头最大沉降量在 3 cm 以下为不跳车，3～4 cm(含)为轻微跳车，4～5 cm(含)为跳车，5 cm 以上为严重跳车。

对于设置了桥头搭板的桥头，有学者将桥台处高程与桥头搭板尾端高程之差作为沉降量，并获得了 8 m 长桥头搭板下的三等级桥头跳车评价体系，即 2 cm 及以下为轻度跳车，2～5 cm(含)为明显跳车，5 cm 以上为严重跳车。

2. 基于纵坡差值进行评价

纵坡差值是指桥头搭板的工后纵坡变化值或桥面与路面的纵坡差值，也是被用来评价桥头沉降(跳车)的一项指标。早期，有学者利用水准仪测量了某一级公路的桥头搭板纵坡变化值，并结合人体振动感受的调查和分析认为：当车速为 90～100 km/h 时，若搭板纵坡变化值在 0.5%(含)以下，无跳车感受；搭板纵坡变化值在 0.5%～1.0%(含)范围内，稍有跳车感受；搭板纵坡变化值在 1.0%以上，有较大跳车感。此外，宁波市城市管理局依据印发的《宁波市城市桥梁“桥头跳车”专项处治技术导则(试行)》开展了全市桥头跳车专项治理工作，分 60～80 km/h、40～60 km/h 和 40 km/h 以下这三种车速，基于相邻最大纵坡差(桥面与引道纵坡差绝对值及引道与道路纵坡差绝对值二者中的最大值)将跳车病害程度分为 A～D 四个等级进行评价。

3. 基于错台高度评价

差异沉降或路面破损都会造成桥面与路面间的垂直错台，故错台高度(部分研究中称为台阶高度)也是一项评价指标。有学者曾建立了桥头沉降状态下的车辆动能衰减模型，利用动能定理获取跳车前后的车速降低值，再拟合了错台高度测量值、车速、车速降低值的关系式，结果表明：车速在 60～140 km/h 范围内，错台高度在 1.5 cm 及以下，车辆行驶不受影响；错台高度在 1.5～3.5 cm(含)内，车速受到一定影响且有较明显颠簸；错台高度在 3.5～5.0 cm(含)内，车速明显降低且颠簸明显；错台高度大于 5.0 cm，车辆减速与颠簸更明显，且车速超过 80 km/h 时，驾驶员把握方向困难，行车安全受到不利影响。随着《公路技术状况评定标准》(JTG 5210—2018)的颁布，其中的"路面跳车"内容从国家层面对错台型桥头沉降建立了轻度、中度、重度三等级评价体系，成为全国所有相关单位和研究须共同遵照执行的准绳。

上述基于不同指标对桥头沉降评价方法的研究在实验对象、实验方法和实验结果等方面都具有科学合理性，但选取的样本量、样本代表性等存在局限性，即形成的评价体系在全国范围内的普适性还难以确定，只能说局部范围内具有参考价值，未来仍需以国家标准等方式对其进行规范，建立起全国范围内通用的评价体系。

第 7 章 三维检测技术应用于路面技术状况评定

过去 30 年里，路面损坏检测研究经历了从二维摄像测量技术向三维激光测量技术转变的发展过程。随着传感器和人工智能等新兴技术的发展，基于三维结构光扫描技术的多种检测手段发展日新月异，较大程度上克服了二维检测系统中存在的干扰因素的影响，也越来越受到国内外学者的广泛关注。

三维图像激光测量方法于 1997 年被提出并应用于道路检测。特别是 2010 年以来，随着三维传感技术和图像处理技术的快速发展，三维图像路面检测技术得到了广泛应用。其中，三维数据获取方法主要有三维结构光扫描技术（图 7-1）、激光扫描仪技术、双目视觉立体成像技术、对焦测距、散焦测距和干涉测量法等。但在大量的已有研究中，针对激光扫描仪技术的研究和应用占 95%以上。当前商用的道路检测系统主要采用三维结构光扫描、激光扫描仪和双目视觉立体成像等检测手段，其他检测手段还停留在理论测试阶段，因此下面将重点分析这三种检测手段用于三维图像路面检测的技术原理。

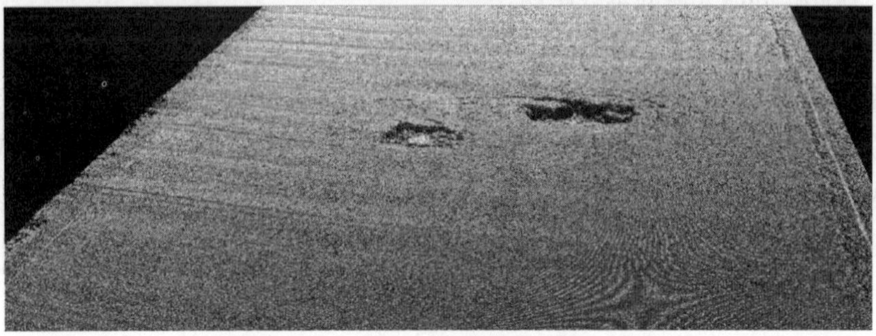

图 7-1　三维结构光扫描图像数据

7.1　三维结构光扫描技术原理

由于三维结构光扫描方法具有非接触测量、结构简单、精度高、速度快等优点，因此其在木材加工和工业质量检验等领域有着广泛应用。此外，在路面检测方面，主要的检测方法都是基于结构光三角测量。路面三维结构光三角测量系统是由一台高分辨率高帧频面阵相机和一台高能量线激光器构成，图 7-2(a)所示为原理图，在路面检测中，当单光束投射于路表面时，由于裂缝或其他病害信息和路面表面的高度差，使得激光光束在破损处进行光学调制并产生弯曲变形，而另一侧的相机通过设置好的兴趣面(Area of Interest, AOI)区域来提取这种变形光束，这样就可以用数学方法计算出与此激光相对应的路面三维轮廓，通过逐行采样，连续获得精确的路面三维轮廓信息。

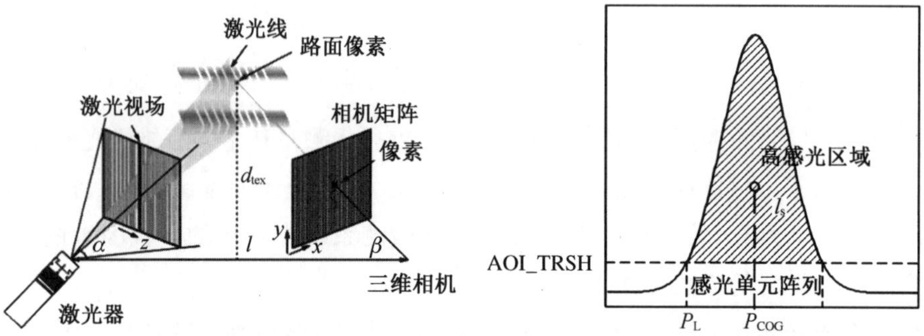

(a) 测量原理图　　(b) 三维轮廓提取算法

图 7-2　三维结构光扫描原理

根据相机和激光器的相对位置，可以得出图 7-2(a)中相对构造深度 d_{tex} 的计算公式：

$$d_{tex} = \frac{l\sin\alpha\sin\beta}{\sin(\alpha+\beta)} \tag{7-1}$$

式中　l ——相机和激光器的基线距离；

α、β ——相机和激光器的三角测量角。

三维轮廓提取算法如图 7-2(b)所示，相机 AOI 区域中包含了用于捕获三维轮廓的激光线，为了抑制弱信号噪声，可以设置阈值参数 AOI_TRSH，用来区分高感光区域与非高感光区域，从而计算出感光元件阵列上强度重心的坐标位置 P_{COG}。因此，需要计算以下参数：

$$I_S = \sum I_P \tag{7-2}$$

$$M_S = \sum I_P P \tag{7-3}$$

$$P_{COG} = P_L + \frac{M_S}{I_S} \tag{7-4}$$

式中　I_P ——激光强度；

I_S ——激光区域强度和；

M_S ——高感光区域内激光强度一阶矩；

P ——感光元件的感光区域内阵列总数的倒数；

P_L ——高感光区域起始坐标；

P_{COG}——激光线的位置值即光束轮廓的重心。

采用平滑方法(如高斯滤波)可提高三维算法的计算精度。在此基础上,建立坐标系,可将高程数据归一化为图像像素的形式。

7.2 激光扫描仪技术原理

激光扫描仪方法具有高效率、高精度等优势,突破了传统单点测量方法的局限性,通过扫描物体表面来获取三维点云数据,从而获得高精度、高分辨率的数字模型。车载激光扫描仪可用于公路检测,其能够利用公路几何模型测量路面车辙、路面病害、道路变形并进行道路横向和纵向剖面分析。三维激光扫描仪采用非接触式主动测量方式,利用脉冲测距法计算点的三维坐标,以点云形式获得复杂物体表面的三维高程数据。

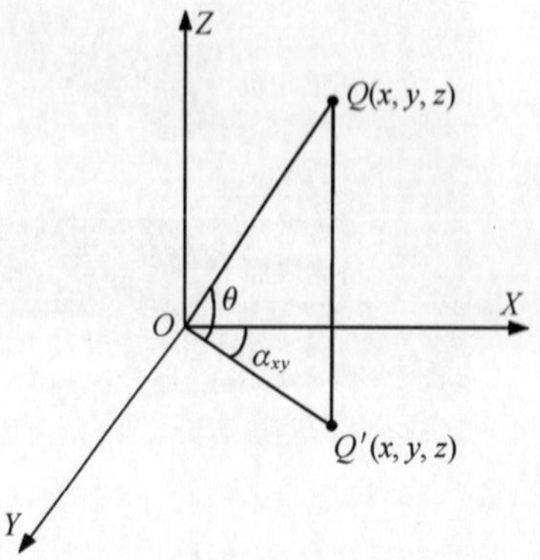

图 7-3　扫描点坐标转换原理

如图 7-3 所示,三维激光扫描仪的内部坐标系统由横向扫描面内的 X 轴、Y 轴和纵向扫描面内的 Z 轴组成,其中 X 轴垂直于 Y 轴,Z 轴垂直于横向扫描面。Q 点是被测点,利用脉冲测距法可以获得 Q 点的距离观测值 S,该仪器内精密时钟控制编码器同步获得激光脉冲的横向扫描角度 α_{xy} 和纵向扫描角度 θ。Q' 是 Q 点在 XY 面上的投影点。Q 点的三维坐标计算公式为

$$x = S\cos\theta\cos\alpha_{xy} \tag{7-5}$$

$$y = S\cos\theta\sin\alpha_{xy} \tag{7-6}$$

$$z = S\sin\theta \tag{7-7}$$

7.3 双目视觉立体成像技术原理

Chromasens 研究团队推出了道路检测中的 3DPIXA 技术,采用基于三维相机线扫描的横向平行双目视觉重建方法,考虑到两幅图像是从同一模板捕获,高分辨率数据可以通过这些图像与高级模式匹配算法在图形处理器(Graphics Processing Unit, GPU)上进行实时计算。创新性地将线扫描技术和超快速三维立体算法相结合的举措,为精确、快速地测量三维数据开辟了机器视觉的新应用领域。该技术可同时提供彩色图像的高度图、视差数据、校正数据和三维点云数据等。

线扫描由于能获得高帧频和高分辨率的图像,因此可以对快速移动的目标进行连续的

断面特征提取，不仅解决了以往分辨率和速度的限制，还能捕捉二维图像和三维高度图，提高了检测效率。利用立体成像技术捕捉图像，这种 3DPIXA 技术可以使光线成为最佳的目标面。但同时高精度和高强度的结果又依赖于光线能均匀照射到路表面。

3DPIXA 技术测量系统是由两台线扫描相机组成，利用三角测量原理进行三维重构，其测量原理如图 7-4 所示。在同一场景中，两台相机以不同的视角拍摄，物体表面上的每一个点投影到这两台相机中，并记录到图像中，用交叉相关系数 k_{corr} 计算这两台相机中每一点的视差，用校准数据计算视差高度。

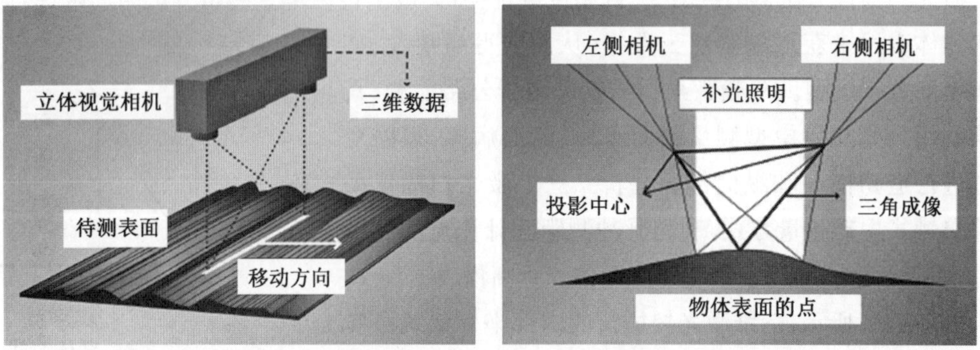

图 7-4 3DPIXA 技术的测量原理

（图片来源：https://www.docin.com/p-1895882383.html）

交叉相关系数按式(7-8)进行计算：

$$k_{corr}=\frac{\sum_{i=1}^{N}[(a_i-\bar{a})\cdot(b_i-\bar{b})]}{\sqrt{\sum_{i=1}^{N}(a_i-\bar{a})^2}\sqrt{\sum_{i=1}^{N}(b_i-\bar{b})^2}} \tag{7-8}$$

式中 a_i ——左相机的灰度值；

b_i ——右相机的灰度值；

i ——像素的索引；

$\bar{a}$ ——参考图像(左)灰度值的均值；

$\bar{b}$ ——参考图像(右)灰度值的均值；

N ——参考块的像素。

如图 7-5 所示，将其进一步简化为数学模型进行分析。I_1、I_2 分别表示不同视点下的图像平面，O_1、O_2 分别为相机的光心位置，空间中任一物点的距离公式可用式(7-9)进行计算。

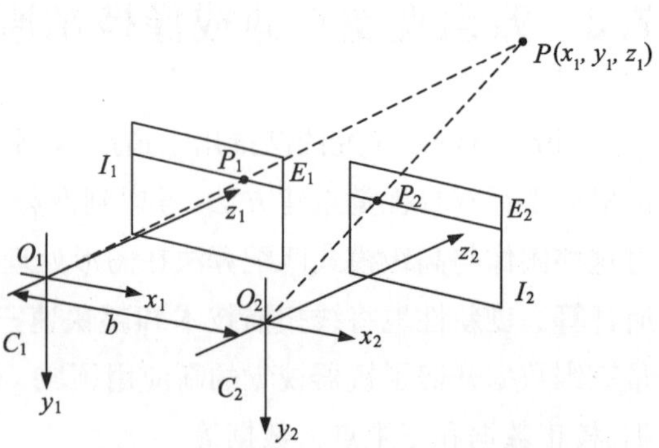

图 7-5 横向平行双目视觉重建数学模型

$$Z=\frac{bf}{x_1-x_2} \tag{7-9}$$

式中　x_1-x_2——视差；

b——两台相机的基线距离；

f——镜头焦距。

从实际出发，想让两台摄像机光轴完全平行是难以达到的，一般情况下就是将其调节到近似平行。现有研究也有提及基于 3DPIXA 技术的路面检测应用，但经实地调研证实，该套方案并未真正推向路面检测市场，主要是因为系统的稳定性易受光源、抖动、灰尘等环境因素的影响，并且对软件算法的要求极高，目前尚在进一步测试研究中。将上述三维数据获取方法的研究分析作为理论支撑，结合国内外最新研究成果对硬件设备进行选型，对现有五项技术方案的基本技术指标进行了分析并得出相应结论，如表 7-1 所列。

表 7-1　不同三维检测系统指标比较

系统名称	检测方法	视场/m	深度范围/mm	检测速度/(km·h^{-1})	系统精度/mm
INO LCMS/LRIS	三维结构光扫描	4	250	≤100	X：1 Y：1～5 Z：0.5
PaveVision3D Ultra	三维结构光扫描	4	250	≤100	X：1 Y：1 Z：0.3
Chromasens 3DPIXA	3DPIXA	4	200	5～100	X：1 Y：— Z：1
ATC2-2040HS-3D	三维结构光扫描	4	200	≤100	X：1 Y：3 Z：0.5
SICK-3D	三维结构光扫描	4	300	≤100	X：1 Y：1 Z：0.3

注：X 表示横向检测精度，Y 表示 80 km/h 下的纵向采样间隔，Z 表示深度检测精度。

目前，在路面三维图像检测技术中，三维结构光扫描和激光扫描仪是市场上普遍采用的两种方法。其中，三维结构光扫描方法支持在低速和高速行驶情况下对路面状况进行采集处理，而激光扫描仪方法只能在低速行驶时跟踪捕获路面的状态信息。另外，基于 3DPIXA 的双目视觉立体成像方法，其对算法的要求极高，且精度方面还有待进一步验证。通过对中国市场调研发现，三维路面检测技术的相关研究已在陆续进行，考虑到经济成本和检测精度，以德国 AT 公司的 C2-2040HS-3D 相机为代表的三维结构光采样设备将在更广的范围内使用，相信该项技术在不久的将来会在全球得到普及。

对于三维结构光扫描技术和 3DPIXA 技术，建议应用范围是普通公路、高速公路和机场基础设施等。通过查阅文献和调研道路检测市场发现，对于三维结构光扫描技术，除加拿大 INO 公司定制的 TDI 线扫描相机之外，采用的 3D 相机的代表性产品有德国 SICK、AT 系列等。对于 3DPIXA 技术，采用的相机设备出自 Chromasens 系列。

对于激光扫描仪方法，建议应用范围是隧道、机场等基础设施，在低速条件下进行高精度检测。在调查了所使用的硬件设备后发现，使用的激光扫描仪设备有 IMAGER 5006，Lecia HDS 6000，FARO LS 880/FARO Photon 等系列。

7.4 激光雷达技术

7.4.1 激光雷达路面检测

激光雷达检测技术作为三维检测场景方式中的前沿技术，其在道路病害检测、道路交通管控服务、居民绿色出行服务提升方面得到了越来越多的研究应用。同时，在基于三维激光雷达点云的采集、处理、识别、应用等方面都得到了人工智能技术的支持。

各种三维信息采集设备（如三维激光扫描仪等）采集得到的数据通常被称为三维点云数据，它们最初以非结构化的三维点的形式表示，即同一空间参考系下表达物体空间分布和表面特性的三维点集合。点云的属性通常包括位置、法向量以及颜色等信息。尽管在各个领域中应用的三维信息获取技术不同，得到的点云质量也各不相同，但共同点是，获取的原始点云在进一步应用之前，绝大部分需要进行相应的处理，以尽可能地降低误差，提高数据精度，从而有利于后续应用。下面以目前广泛应用的三维激光扫描仪为例，说明各种缺陷产生的原因。

（1）噪声。尽管三维激光扫描仪可以不依赖外界光照条件直接精确地获取三维点云，但由于扫描仪中传感器本身固有的物理特性限制，得到的点云不可避免地包含噪声；同时，扫描数据的规格化处理以及扫描过程中扫描仪和被扫描物体之间的相对移动都会加剧噪声。

（2）外点。扫描中激光的多次反射以及环境中的尘埃等都会导致最终得到的点云中包含相当一部分的外点。

（3）数据缺失。由于扫描场景中多个物体以及单个物体本身存在遮挡，物体本身的透明特性，或者扫描过程中路线或位置限制（如建筑物的顶部），最终得到的点云通常包含许多空洞。

（4）不均匀采样。扫描物体各部分与激光扫描仪之间的角度差异以及不同角度扫描结果的组成会导致点云各部分的密度不同。

（5）尖锐特征的丢失。虽然，当前激光扫描仪的精度已经达到了微米级别，但与传统获取手段相比，如数字照相机和摄像机，在灵活性和分辨率上仍具有很大的局限性，后者会导致在一些机械部件中普遍存在的尖锐特征由于采样不足而丢失;同时,噪声以及外点的存在会进一步加剧此类特征的弱化。由于点云数据的非结构化属性,点与点之间不具有连接信息,这种方法在具有较高灵活性的同时,也导致了另外一个无法避免的问题,即需要比网格模型多出若干倍的点才能精确地表示一个三维模型。这意味着点云模型的数据量通常很大,从而给点云的存储、处理和传输带来了很大的挑战。

7.4.2　点云去噪算法技术

早期的点云增强技术大部分包含在表面重建过程中,作为其中的一个组成部分。如 Hoppe 等提出的表面重建算法中,建立一个隐式函数表征点到平面的距离,起终平面由局部领域内的点以最小二乘的方式确定,从而实现了一定程度的降噪。其他则采用直接对相邻点的加权平均,V. Krishnamurthy 等则采用表面拟合的方法。上述工作均定位于表面重建,且部分技术还应用在重建后的网格模型上。现有的点云去噪方法可分为以下四类。

(1) 基于偏微分方程(Partial Differential Equations, PDEs)的方法。Lange 和 Polthier 首先计算点云主曲率和主方向,然后采用平均曲率流的方法实现各向异性的去噪。Y. Xiao 等提出了一种基于动态平衡曲率流方程的各向异性的点云模型光顺算法,其动态平衡曲率流方程包含一个各向异性的曲率流算子和一个保持体积的强迫项,然后通过一个平衡算子使得特征和噪声得到不同的处理,实现特征保持的去噪。由于均需要计算微分属性,这类方法具有较高的时间复杂度。

(2) 基于信号处理的方法。Taubin 首先将基于拉普拉斯算子的信号处理技术引入网格模型的处理中。随后,Linsen 借鉴网格模型中拉普拉斯去噪的思想,为点云提出了一种局部、非收缩、考虑几何性质的去噪方法。

(3) 基于邻域滤波的方法。Fleishman 等将图像双边滤波去噪函数拓展到网格模型上,提出了保持特征的去噪算法,由于该算法无须拓扑连接关系,因此可推广到点云。Hu 等提出了基于三维均值漂移(Mean Shift)的各向异性点云去噪算法,通过均值漂移寻找自适应邻域,并将顶点法向和曲率作为特征分量,顶点坐标值作为空间分量,构建三边滤波器,在实现去噪的同时还能有效地保持特征。

(4) 基于投影的方法。近年来,基于移动最小二乘(Moving Least Squares, MLS)的点云表面定义得到了广泛关注。MLS 最先由 Levin 提出,随后由 Alexa 等人引入点云增强中。其基本思想是通过迭代的投影(Projection)操作将分布于采样表面周围的点移至表面上以实现噪声的消除,其过程可以看作寻找投影操作的稳定点。

7.4.3　点云快速配准技术

当使用地面式三维激光扫描设备时,受待测目标物的结构、扫描场地、设备和其他因素的影响,往往不能在一个测试站点采集到目标物的完整点云数据,为了构建出待测物体完整的三维数据模型,须从不同的位置和角度多次扫描物体,变换拼接,得到具有统一坐标系的点云数据。

点云配准是指将不同位置和角度采集到的点云数据通过坐标转化的方式拼接在一起，形成统一坐标系下的目标整体点云。通过对点云数据配准拼接，能得到一个坐标系下多站的点云拼接点集，这个过程对于后期的数据处理起着重要作用。

1. 手动配准

手动拼接配准是基于不同测试站点的点云数据的共同特征点之间的对应关系。当扫描不同站点的物体时，在两个相邻站点间的数据中会存在公共特征点，如建筑物边缘。若能正确选择并使用特征点，可以减小配准拼接的误差，提高两站点间点云配准的精度。

2. 自动配准

自动配准是将点云数据模型采用特征点提取算法来选取特征点，利用特征点间的几何特征将不同站点的点云数据进行粗配准，然后使用迭代最近点算法进行精细配准。自动配准拼接的精度高，但它的缺点是仅适用于存在明确对应关系的点云数据，同时要求数量少、表面光滑无噪声，如果数据量太大，其拼接速度将非常慢且效率低下。

3. 混合配准

混合配准拼接也是普遍采用的点云配准方法之一。受人为因素的影响，手动选取特征点来配准数据会存在一定的误差，导致配准精度降低。采用混合配准就是把手动配准与扫描数据质量较好的标靶结合起来使用，在配准过程中，将有限个数的标靶球选取为特征点作为同名点对使用，实现配准多站点云数据。

7.4.4 激光点云数据分割处理技术

三维点云分割是处理三维点云数据的一种方法，处理手段是将具有相同属性或相似属性的三维点云数据划分为同一类别，可以按多种属性进行分类，例如点云在空间中的位置、距离远近、多种几何特征、点云边缘形态等。点云分割是进行周围环境认知、目标识别等之前的一项重要操作，分割的准确和快速与否往往对后续点云处理有着重要影响。

7.4.4.1 点云欧氏聚类算法

点云的聚类分割是一种较为综合的统计分析方法（图 7-6），通过点云数据的不同特征指标，使具有相同或相似特征的点云聚在一起，将它们分为一个类别，在同一类别中的点云都具有相同或相似的属性，例如距离、密度、法向量、曲率等。聚类是将点周围具有相似或相同属性的点聚集在一起的过程，从单点逐步到两个点云团聚集直至每团聚类之间的属性均不同。

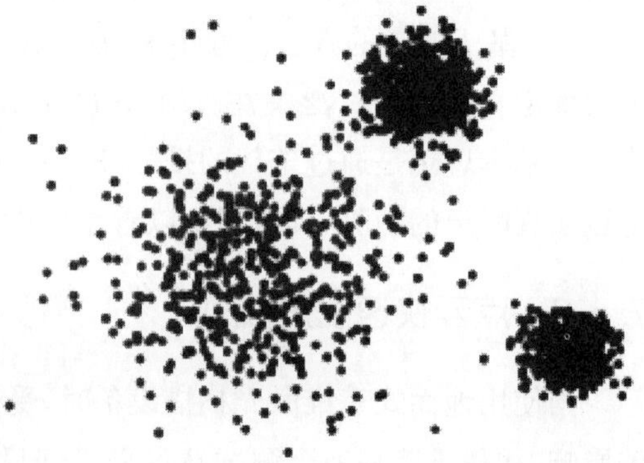

图 7-6 点云聚类示意

聚类分割的基本原理是：对数据集 S 中

n 个点云，选择点云的一种特征进行分割，设定特征阈值，合并两个特征最相近且小于阈值的类，依次进行合并，当有两个类之间的特征小于阈值时，继续进行合并，直至都大于阈值或类的数目小于最小聚类数目时聚类完成。目前，比较常用的聚类分割方法有基于欧氏距离的聚类和基于密度的聚类，但计算量都较大；K 均值聚类，但聚类前需要确定好点云类的个数，这不利于动态聚类；另外，还有基于网格聚类和超体聚类等多种聚类方法。

物体点云之间的距离通常可以表明点云是否属于同一物体，如果两团点云之间最近两点的距离小于单个点云内部点之间的距离，则可由算法判断其分为两类。欧氏聚类算法可以通过所建立的拓扑关系搜索到每个点云的相邻点，并计算出每个点与其相邻点之间的欧氏距离，将距离最小的点分为一个聚类，然后计算新聚类之间的距离。重复上述过程，直至任意两个聚类之间的距离大于预先设置的阈值，或者聚类数量小于预先设置的数量。至此，欧氏聚类完成。欧氏聚类算法对距离阈值的选择提出了很高的要求，如果未正确选择距离阈值，则在处理密度不均匀的点云时，通常会导致附近的错误检测，这是因为在距离阈值始终恒定的同时，点云在附近密集并且在距离上稀疏。由于传统的欧氏聚类算法需要自己设定阈值，于是便提出了自适应欧氏聚类算法，将阈值和点云空间中位置和整体点云疏散程度相结合，实现阈值的自适应。

7.4.4.2　点云凹凸性分割算法

基于欧氏聚类的分割对于点云分布较稀疏的室外场景应用能起到较好的分割效果，但是对于室内分布紧密甚至有部分重叠的点云则会产生错误分割，于是对室内分布紧密的点云采用基于凹凸性的点云分割算法。凹凸性计算是区分两个相邻超体素是否连接的重要步骤，当物体距离较近且许多特征参数较为相似时，将其分开具有很高的难度。由于同一物体表面互相关系为凸，而不同物体表面之间的接触部分为凹，因此可以把凹凸性作为区域增长算法的判别依据，结合点云超体聚类，便可得到很好的分割结果。

1. 超体聚类

超体聚类即通过定义晶核，所有的晶核同时开始生长，最终填满整个空间，使物质具有类似晶体结构的超体素。超体聚类的过程是在点云中定义多个晶核，晶核的分布是由晶核距离决定的，对晶核中种子体素进行周围生长，再由最小晶粒控制体素的大小，形成过程就是种子不断地从周围吸收类似的点或过小的晶粒，超体聚类示意图见图 7-7。

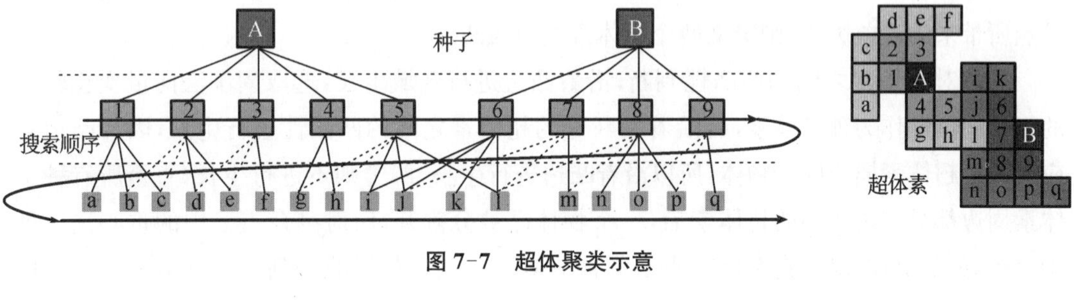

图 7-7　超体聚类示意

2. 凹凸性判别

定义两个超体素之间是否属于同一个物体，可以通过它们之间的几何关系来判定，超体聚类后，判别相邻超体素之间的关系可通过凹凸性计算，如图 7-8 所示。显然，图 7-8 中 $\alpha_1 > \alpha_2$ 为凹，反之则为凸。

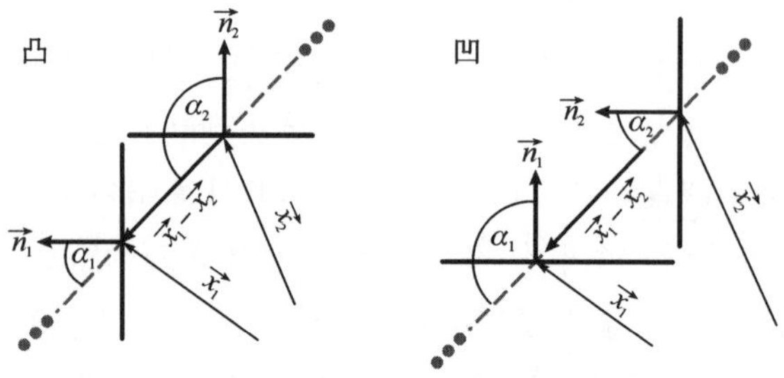

图 7-8　凹凸性计算示意

3. 区域生长

区域生长是将具有相同或相似特征参数的一系列点云进行合并的一种算法，在物体分割中属于较为实用的一种算法，特征参数可以为法向量、颜色、距离等多种特征，算法的核心是在对象中生成种子，并从种子开始计算周围特征，种子会沿着与其具有相同或相似的某一特征蔓延生长。在点云中，在整体点云内寻找种子后进行邻域搜索，计算邻域内特征距离，沿着某一特定参数方向生长并将其分为不同区域。对于点云分布较为紧密甚至有多种物体堆叠在一起的场景，欧氏聚类无法通过距离进行分割，故首先利用超体聚类进行超体素过分割，再计算相邻超体素是否相连，如相邻超体素为凸则定义为一个物体，若为凹则定义为两个物体，按此计算方法进行生长。区域生长中主要影响分割的条件是种子点的选取和区域生长的特征参数，而种子点的选取也会对分割效果产生重要影响，通常选取的种子对于所有点云是随机的，但有可能会选择到噪点或边缘，此时会对分割效果造成影响。选择的方式一般是在物体表面选取比较光滑的平面数据点，当激光雷达环境感知时，需要对多帧不同场景点云数据进行处理，种子通常选为平面中的点，以便后续增长。生长规则是影响区域增长分割效果的重要因素，由于已定义通过物体表面凹凸来判断物体是否连接，所以设定沿着标记为凸的两个超体素之间生长，而定义为凸则采用凹凸性判据来判定，如果种子体素和邻域体素之间法向量和中心向量之差的夹角小于一定的阈值，且已去除奇异点所带来的误差影响，则定义两个超体素之间为凸。

通过对超体素之间的凹凸性判断，沿着凸边进行区域生长，选取周围法向量变化较小的一个超体素作为种子体素，后沿着判断好的超体素之间的凹凸性进行生长，因为凸边对应着两个超体素属于同一物体，所以沿着凸边进行生长，凹边则不进行生长，直至所有种子体素周边都是与之相凹的超体素后，一个物体已被分割开，后对剩余点云中的重心选择种子目标，重复上述过程，直至所有点云都被分割完。点云数据的分割其实是给点云数据作下一步应用提供科学支撑。

基于上述一系列传统方法和人工智能技术手段，从数据采集到数据处理再到数据应用等各个方面，对利用激光雷达进行路面病害识别与精准分类提供技术支持。未来，对于三维激光雷达采集方式的研究也将更集中于人工智能算法在采集处理各个阶段的应用方面。

第8章 人工智能技术应用于路面损坏分类和辨识

人工智能(Artificial Intelligence)是研究、开发用于模拟、延伸和扩展人的智能的理论、方法、技术及应用系统的一门新技术学科。人工智能领域的研究包括机器人、语言识别、图像识别、自然语言处理和专家系统等。发展至今,深度学习、迁移学习、自然语言理解和生成、知识图谱、强化学习、对抗学习等已成为人工智能的热门研究分支。

近年来,人工神经网络、图像分割和图像处理成为路面病害检测领域的三大研究热点。随着计算机运算性能的提升,人工神经网络凭借其在图像处理方面的技术优越性,在路面检测研究领域的应用日趋广泛。

8.1 传统图像处理方法

数字图像处理是使用计算机对图像进行去噪、增强、复原、分割、提取特征等处理的方法和技术,例如像素灰度的统计值、特征直方图的垂直和水平投影以及定义的损坏对象的特性。由于路面损坏病害目标的像素灰度值在整幅图像中相对较低,大部分图像处理方法使用基于简单像素假设的方法对损坏病害进行提取。

1. 二维图像处理

2000年以来,基于二维图像的路面损坏检测与识别技术得到快速发展,研究者从不同角度提出了一系列的路面损坏识别算法,主要包括:阈值化检测方法、图像边缘检测方法和空间聚类特征检测方法。

(1) 阈值化检测方法采用基于直方图统计法进行阈值化检测,将图像信息熵进行阈值化处理以提取出其中破损信息。然而,由于路面特性的差异,光学路面影像往往受到光照和阴影等环境干扰因素的影响,导致阈值化方法存在较大的不稳定性。

(2) 图像边缘检测方法基于路面裂缝具有梯度图片的特点,利用破损目标的边缘特性,通过边缘检测和小波变化算法,突出显示像素灰度值变化较大的区域,并屏蔽灰度值变化不大的区域或者降低其灰度值显示,即可识别出路面破损区域。但路面油污、光照不均等环境因素会对该方法的精度产生较大的负面影响。

(3) 空间聚类特征检测方法基于裂缝的空间分布、灰度以及几何特征进行裂缝面元划分。利用可调匹配滤波器生成裂缝凸度图，对图像信息进行分析得到一个粗裂缝区和裂缝性质的粗略估计。随后将粗裂缝区域输入到基于区域的自动轮廓模型中，采用水平集进化方法实现裂缝分割模型。估计出的裂缝特性不仅为主动轮廓模型的参数自动调整提供了信息，也为有效识别裂缝提供了依据。

除上述三种方法以外，还有针对道路病害中裂缝类病害具有全局跟踪亮度最小的特点，利用最短路径搜索算法进行病害检测的方法，以及多特征融合方法、图像显著度方法和统计判别法等一系列新型方法正在被研究。

2. 三维图像处理

由于二维图像本身对损坏成像的限制且无法获取病害高程，2010 年后，基于三维图像的损坏自动识别方法开始成为研究者关注的对象。现有基于三维路面数据的裂缝检测方法普遍采用的是找到高程较低的像素点，经后处理过程去除噪声。典型方法是采用基于三维图像并行框架的裂缝自动识别算法，首先使用一个滑动窗口对裂缝种子进行深度验证，其次运用对称性方向模板进行裂缝种子连接，最后采用滑动窗口去除噪声。该方法对于对比度明显的裂缝识别度较高，但算法不具有通用性，对于不同纹理材料的路面损坏识别结果有较大差异。此外，利用激光扫描仪构建道路三维表面模型也是主流方法之一，即利用光切面方法实现裂缝自动检测，通过图像分割、处理等方法，获得裂缝的深度、长度等几何属性。尽管传统的图像处理方法已经取得了一定的成功，但对于复杂路况如路面纹理颗粒大小、道桥接缝、标志标线边缘等干扰因素的影响，传统图像处理方法的局限性较大，无法在完整的实际应用场景中得到应用。

8.2　传统机器学习方法

机器学习能够以优异的性能完成各种任务，已经成为几乎所有领域的一种流行技术。通过提供足够的数据量，机器学习方法可以自动解析数据的内在含义，比如隐藏在数据内部的结构或关系。为了降低数据的复杂度、提高学习算法的可用性，传统的机器学习方法需要一个预定义的特征提取阶段。伴随着机器学习方法的成功应用，基于机器学习方法的路面病害检测技术得到了广泛的研究。在路面损坏检测算法中，机器学习特别是深度学习已发展成为一项主流技术。目前，机器学习方法已在交通领域得到广泛应用，包括道路检测和流量监控。

道路表面图像可以先分为块，随后用不同的特征进行描述，并通过神经网络和支持向量机等先进的机器学习算法对其进行损坏识别与分类。为了处理大量的非结构化图像数据，在训练模型之前需要预先定义特征提取标签。支持向量机和人工神经网络的研究始于 20 世纪 90 年代，且一直持续至今，其他传统机器学习技术，如随机森林也得到了一定的应用。这些技术主要包含在两个任务中：裂缝面元识别与分类和裂缝检测的最佳参数确定。

常见的路面损坏分类器有贝叶斯分类器、线性分类器和非线性分类器，又分为无监督和有监督方法，前者主要基于规则判断，后者包括一系列基于人工神经网络的方法。

1. 无监督方法

无监督方法基于规则判断得到分类结果，指的是只有输入变量，没有相关的输出变量，是从无标签的训练数据中，挖掘有效的特征。无监督特征学习一般用来进行降维、数据可视化及监督学习前期的数据预处理。可采用遗传算法和自组织映射，基于 Hough 变换和投影特征组成路面损坏分类器以进行路面病害分类处理。路面裂缝特征可采用离散选择模型进行提取。此外，聚类分析方法也被应用于路面病害识别。

2. 有监督方法

监督式学习拥有一个输入变量(自变量)和一个输出变量(因变量)，使用某种算法去学习从输入到输出之间的映射函数。目标是得到足够好的近似映射函数，当输入新的变量时可以此来预测输出变量。不同的神经网络采用不同的监督式或无监督式学习，通常根据数据类型来选择采用何种方法训练研究。

在路面损坏研究中，主要采用有监督的分类方法，用标准路面损坏样本优化分类器参数。由于路面损坏模式不固定，损坏程度也很难用统一的解析式描述，基于人工神经网络的非线性分类算法便成为损坏自动识别的热点。支持向量机是用数理统计和优化技术，通过实验选取不同的核函数，在高位空间内构造一个超平面模型，对裂缝类病害中的横向裂缝、纵向裂缝、龟裂、块状裂缝和无裂缝五种路面损坏类型进行自动分类。自动分类方法包括：通过提取裂缝特征向量，设计径向基概率神经网络分类器；基于全局优化算法的路面损坏前馈神经网络分类器；基于图像、直方图和概率的神经网络分类器；BP 神经网络裂缝分类器。此外，决策树等一些启发式算法在裂缝类病害自动分类中也得到了应用。

人工神经网络等人工智能方法是实现路面裂缝自动识别与分类中前景广阔的手段之一，但其缺点在于需要大量样本进行训练，且计算量较大。无论是有监督方法还是无监督方法，在分类效果、全自动化、实时处理等方面还不能达到令人满意的效果，损坏分类的准确性很大程度上取决于数据源的完整度，特别是对于龟裂和块状裂缝、松散和坑槽的识别，目前还没有一种非常稳健、高效、便捷的算法。传统机器学习方法的主要问题是它们只包含浅显的学习技术，如果不学习高级特征，这些技术就无法处理图像中包含的复杂信息，例如路面图像的背景中光照和环境的影响。

8.3 深度学习方法

为了弥补传统机器学习方法中的不足，基于深度学习的路面病害识别方法自 2016 年开始受到路面损坏检测研究人员的关注。深度学习方法采用多层神经网络，可以从数据中自动学习特征。在计算机视觉任务中，卷积神经网络(Convolutional Neural Networks，CNN)

作为一种特殊的具有卷积层的深度学习模型得到了广泛应用。深度学习方法在路面病害检测中主要分为损坏面元分类、目标识别和语义分割，如图 8-1 所示。

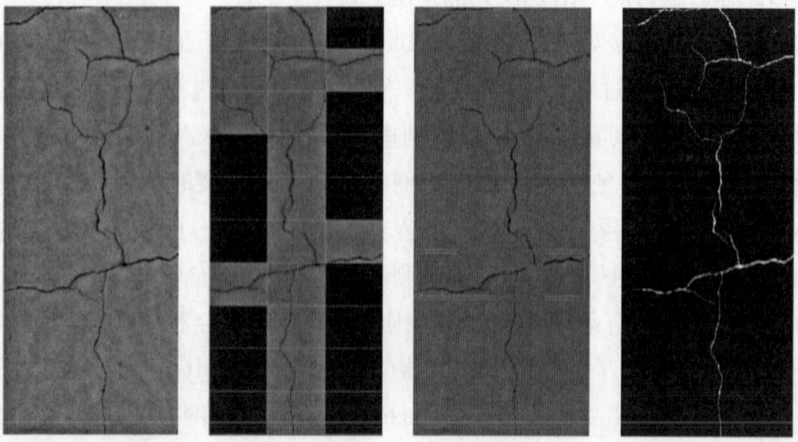

(a) 输入图像　(b) 面元分类　(c) 目标识别　(d) 语义分割

图 8-1　基于深度学习的损坏检测

1. 面元分类

路面损坏面元分类的目标是确定图像中是否包含损坏信息，如果存在损坏信息，则对其进行筛选。2016 年，在裂缝面元分类研究中提出了“深度学习”的概念，并在 2017 年成为最受路面检测研究者欢迎的深度学习方法。CNN 模型采用全连接(Fully Connected, FC)层，由于任务是简单的线性分类，因此通常采用少于 10 层的一个轻量级模型。面元分类法首先将输入的三维路面图像分成大小为 32×32 或 64×64 的不重叠面元，接着利用卷积神经网络将面元分类为含裂缝的面元与不含裂缝的面元，最后运用主成分分析法将裂缝分为横向裂缝、纵向裂缝、网状裂缝、龟裂和无裂缝。

面元分类法是将每一个图像分为多个图像面元，以细化图像信息，具体如下：首先，将图像分割成小块，以便生成更多的数据；其次，通过对每个小块图像的识别可以定位出原始图像中的损坏区域。因此，面元分类的结果可以进一步应用于损坏类型的分类。在研究和实际工程应用中，有必要提取长度、宽度、面积和裂缝分支等重要的路面病害特征。尽管面元级分类能够获得路面病害的局部信息，但其结果是以块状子图的形式呈现的，不能直接用来估计路面的损坏特征。因此，前沿研究主要集中在基于像素级的路面病害预测方面。

2. 目标识别

目标识别是生成含有损坏边框的边界区域。对于每一个生成的边界框，通常还会执行损坏类型辨识。这类模型最大的特点是将目标识别和定位信息集成到一个网络中，而无须对网络进行分布训练，可以有效提高运算效率。在路面病害检测任务中，广泛采用 Faster-RCNN 二阶段深度学习网络模型，通过 CNN 网络结构对图像特征进行提取，通过区域候选网络(Region Proposal Network, RPN)的网络结构提取出候选定位区域，并对其进行目标分类和定位坐标回归。这种模型适用于不同的拍摄角度和镜头间距，能够识别横向裂缝、纵向裂缝、龟裂、坑槽及井盖周围损伤等，并输出裂缝类型、位置和长度等信息，但对于有些严重的车辙和修补边缘可能会出现误判的情况。

为了真正意义上实现端对端检测，满足实时检测的需求，于是出现了 YOLO(You Only Look Once)检测网络，它将目标判定与目标识别合二为一，通过将图像分割成若干小网格，每个网格预测 2 个边框及其置信度，以及类别概率，并使用整张图的特征对物体边框进行预测，结合了整张图的背景信息。YOLO 检测网络虽然实现了实时检测，但它的准确率不如 Faster-RCNN 检测网络，主要原因有以下两点：一是网格是一个启发式的策略，如果两个小目标同时落入一个格子中，模型也只能预测一个结果；二是最后输出的是 FC 层，导致目标定位用的是整张图片的信息，若定位不准，则检测的准确率会下降。

随着研究的深入，出现了单发多框检测器(Single Shot Multibox Detector，SSD)真正意义上实现了高精度实时检测。SSD 结合了 Faster-RCNN 检测网络的锚框机制和 YOLO 检测网络的回归实现，在多层特征响应图上产生不同的长宽比、不同尺度的区域候选框，从而实现检测不同大小的目标。采用卷积核作为预测参数，没有全连接层，使得相比于 YOLO，网络预测是基于局部特征的，定位更加准确。通过结合不同分辨率的特征图实现了对不同大小目标的识别，并取消了候选区域的生成，将目标分类和位置坐标回归整合到一个网络中，建立了一阶段的深度目标检测网络。这也使得 SSD 比 Faster-RCNN 的检测速度更快，更适合于实际生产应用。与面元级分类类似，目标识别能够产生损坏定位信息，但是不能从生成的边框中估计出损坏的骨架特征，也不能提取病害的量化特征。

3. 语义分割

语义分割和实例分割是在图像中完成损坏的像素级预测，每个像素被分类为损坏像素或非损坏像素，其中实例分割是在语义分割的基础上对同一类目标的不同个体进一步分类。通过损坏分割得到损坏位置和结构，不仅可以对损坏类型进行分类，而且可以获得损坏的重要特征。随着传感技术的进步，二维和三维数据的分辨率都得到了提高。因此，损坏分割技术是目前深度学习中损坏检测技术的发展方向。损坏分割可以通过六种不同的方法来实现。

(1) 最流行的是基于编码器-解码器的模型，如 FCN、SegNet 和 U-Net。编码器-解码器模型结合反卷积技术，可以实现像素级路面裂缝的分割。最终能够实现对沥青和混凝土路面裂缝及桥接裂缝的检测，使得模型的准确率、召回率和 F 值显著提高。

(2) 采用具有 FC 层的 CNN 模型来执行分类任务，甚至将其与其他方法(如自适应阈值法)相结合。例如，CrackNet 网络能够实现路面损坏的像素级分割，该模型主要由 2 个卷积层、2 个全连接层和 1 个输出层组成。结合不同方向、不同长度和不同宽度的线性滤波器，提高路面裂缝的反差，进而提高识别率。

(3) 在一般的语义分割任务中，为了保持整个隐藏层的空间分辨率，避免在下采样过程中丢失空间信息，按照这一方向，损坏分割的第三种方法是用一个没有合并层的模型来保持空间分辨率。如 CrackNet V 网络，由 1 个预处理层、8 个卷积层和 1 个输出层组成，与 CrackNet 相比，CrackNet V 取消了全连接层，采用全卷积的网络架构，通过多个 3×3 卷积层的叠加来进行深度抽象。同时，增加了一种新的激活函数，能更好地检测路面上的浅层裂缝。

(4) Mask RCNN 为 Faster-RCNN 的扩展，同时结合 FCN 的实时目标定位、分类和分割，在实例分割任务中是应用较为广泛的一种深度学习网络模型，已有部分研究将其应用于路面裂缝的分割。

(5) 递归神经网络(Recursive Neural Network，RNN)被应用于路面裂缝类病害分割。采用 RNN 进行路面像素级裂缝检测，该方法基于裂缝由相邻像素序列组成的前提，在此基础上能够根据相应的实时概率计算预测序列像素概率，最终得到裂缝的分割结果。

(6) 生成性对抗网络(Generative Adversarial Nets，GAN)被用于执行自监督结构学习以实现跟踪分段。GAN 能够与深层 FCN 模型、U-Net 模型相结合，并显著改善裂缝类病害的检测性能。在不同类别的路面图像中，通过增强后的深层 FCN 模型和 U-Net 模型在豪斯多夫(Hausdorff)距离度量上均取得较高得分。对于损坏图像分割，负样本的选取和其他类病害的分割模型仍然是下一步需要重点关注的对象。

8.4　路面损坏自动检测算法性能评价

现有的路面损坏识别算法主要还是以人工分割作为判断标准，对自动识别结果进行评价和检验。图像处理方法和深度学习模型的设计及性能很大程度上取决于所使用的数据集。但是，手工标注面元或像素级分割结果十分费时费力，且现有公告数据集内的病害仅有裂缝类，其他病害暂无明确记录，针对我国道路路面的损坏图像数据集少之又少。从表 8-1 可以看出，可用的裂缝分割数据集比用于裂缝分类和目标检测的数据集要少，这也证实了图像分割数据集制作的困难。此外，损坏检测数据集的差异性和复杂性也在一定程度上限制了不同模型之间针对算法性能的评价，从而影响了算法性能的一致性。

表 8-1　损坏检测数据集概述

数据集引用		数据集描述	任务
私有	L. Some	9 712 张街景图片集	目标检测
	L. Zhang 等	500 张智能手机图像集	目标检测
	Z. Tong 等	6 832 张探地雷达图像集	目标检测
	A. Zhang 等	2 000 张三维沥青路面图像集	图像分割
	K. Zhang 等	800 张当地图像数据集	目标检测

(续表)

数据集引用		数据集描述	任务
公共	K. Gopalakrishnan 等	1 056 张 FHWA①/LTPP②数据集	目标检测
	C. F. Ozgenel 与 A. G. Sorguc	4 000 张 RGB③水泥路面裂缝集	裂缝分类
	SDNET2018	56 000 张裂缝和密封裂缝的混凝土桥面、墙壁及相机拍摄的路面数据集	裂缝分类
	H. Xu 等	6 069 张相机获取的桥梁裂缝图像集	裂缝分类
	H. Maeda 等	9 053 张智能手机图像集，带有 8 种损坏类型注释的目标检测	目标检测
	GAPs	2 468 张带有 6 种损坏类型注释的路面二维灰度图像集	目标检测
	R. Amhaz 等	269 张路面二维灰度图像集，数据集从 5 个系统获取：AigleRn、ESAR、LCMS、LRIS 和 TEMPSET2，共有 64 张带注释的图像	图像分割
	Y. Liu 等	537 张 RGB 与多尺度裂缝场景分割图像集	图像分割
	CrackIT	84 张路面二维灰度图像集，通过光学成像设备获取	图像分割
	CrackTree	206 张具有多种裂缝类型的路面图像集	图像分割
	CFD	118 张智能手机获取的道路裂缝图像集	图像分割
	Yang 等	约 800 张路面裂缝图像和混凝土墙壁裂缝图像集	图像分割

注：① FHWA：Federal Highway Administration，美国联邦公路局。
② LTPP：Long-Term Pavement Performance，路面长期使用性能。
③ RGB：Red、Green、Blue，彩色水泥路面裂缝图像集。

为了衡量图像处理方法和深度学习模型的性能，基于数据源中的测试数据和人工标记数据，需要使用通用的客观评测指标来保证算法评价的公正性。总结现有研究中的评价指标得到如下 5 个：运行时间、显存占用、运算量、识别率和距离分值。然而，算法应用环境及测试目的不同，算法的评价标准也不同。例如，对图像处理方法只需关注算法的运行时间和准确率；对实时的深度学习模型可以在一定程度上降低算法的准确率，提高运算速度；对通用算法，则有必要提高全部度量的性能。

(1) 运行时间。图像处理方法中算法的运行时间包括预处理时间和自动分割时间。神经网络模型的运行时间包括模型的训练时间和测试时间，有些算法还需要对分割结果进行实时预测。有些情况下，由于受硬件设备和后台实现的限制，可能很难提供精确的算法运行时间。已有研究表明，提供算法运行的硬件信息和运行时间有利于评价方法的正确性和科学性,以及保证相同试验环境下最快地进行测试。

(2) 显存占用。图像处理算法依赖于传统的中央处理器(Central Processing Unit, CPU),其具有更快的单向执行时钟速度和更强的中断处理能力。深度学习主要依靠图形处理器(GPU),GPU 并行性好且有较高的内存带宽,而数据规模和网络复杂性是训练神经网络模型的关键,高性能的硬件设施和参数配比在一定程度上又决定了模型训练的局限性。在行业算法性能对比中,当算法运行时间相同时,可以适当地记录算法在运行状态下显存占用的极值和均值。

(3) 运算量。运算量分为计算量和参数量。计算量对应时间复杂度,即算法或网络的执行时间长短;参数量对应空间复杂度,即占用显存的量。另外,参数量主要针对深度学习模型中卷积层和全连接层,池化层无参数生成。

(4) 识别率。准确率和召回率是评价损坏检测方法的两个重要指标。准确率指数 P_r 是指在预测损坏面元(或像素)时预测正确的比例,计算见式(8-1),而召回率指数 R_e 是指预测正确的损坏面元(或像素)占总损坏面元(或像素)的比例,计算见式(8-2)。由于准确率和召回率往往是相互冲突的,所以建立一个能同时取得高准确率和高召回率的模型是非常困难的。而 F 值作为准确率和召回率的调和平均值,已有图像检测研究常用 F 值来评价模型的优劣,F 值越大则模型越优,F 值的计算见式(8-3)。

$$P_r = \frac{T_p}{T_p + F_P} \tag{8-1}$$

$$R_e = \frac{T_P}{T_P + F_N} \tag{8-2}$$

$$F = \frac{2P_r R_e}{P_r + R_e} \tag{8-3}$$

式中　T_p ——正确检测出有损坏面元(或损坏像素)的数目;

F_p ——背景面元被判别为有损坏面元(或损坏像素)的数目;

F_N ——损坏面元(或损坏像素)被误判为背景面元(或背景像素)的数目。

然而,当测试集出现样本分类不均衡(不同类别的样本数量差异较大)的情况时,像素分割的准确率和召回率都无法反映模型的性能。鉴于此,现有研究方法中定义了平均像素准确率(Mean Pixel Accuracy, MPA)和平均交并比(Mean Intersection over Union, MIoU)这两个评价指标,其中平均交并比是最重要的性能评测指标,能反映模型的准确程度。

假设测试集共有 $(n+1)$ 个类别(包括一个背景类),平均像素准确率是计算每一类中准确分类像素所占的比例,再求所有类的像素准确率的平均值,可表示为

$$MAP = \frac{1}{n+1} AP \tag{8-4}$$

平均交并比是衡量语义分割性能的一个标准指标,即计算正确预测的正样本(预测值

与真实值的交集)与正确预测的正样本、错误预测的正样本和错误预测的负样本总和(预测值与真实值的并集)的比值,可表示为

$$MIoU=\frac{T_{\mathrm{P}}}{T_{\mathrm{P}}+F_{\mathrm{P}}+F_{\mathrm{N}}} \tag{8-5}$$

(5) 距离分值。基于缓冲的 Hausdorff 距离分值用来表示两个点集合之间的相似性。若存在两个点集合,分别用 $U=\{u_1, u_2, u_3, \cdots, u_i\}$, $W=\{w_1, w_2, w_3, \cdots, w_j\}$ 表示,其中,u_i 和 w_j 分别为不同数值的离散点,i、j 分别表示集合 U、W 中点的个数,则这两个点集合间的双向 Hausdorff 距离分值 $H(U, W)$ 为

$$H(U, W)=\max\{h(U, W), h(W, U)\} \tag{8-6}$$

$$h(U, W)=\frac{1}{i}\sum_{u}\min_{w}(u-w) \tag{8-7}$$

$$h(W, U)=\frac{1}{j}\sum_{w}\min_{u}(w-u) \tag{8-8}$$

式中 u、w ——集合 U、W 中的数值点;

$h(U, W)$ ——集合 U 中元素指向集合 W 中元素的单向 Hausdorff 距离;

$h(W, U)$ ——集合 W 中元素指向集合 U 中元素的单向 Hausdorff 距离。

由式(8-6)可知,双向 Hausdorff 距离 $H(U, W)$ 是单向距离 $h(U, W)$ 和 $h(W, U)$ 中的较大者,它表示两个点集合的最大不匹配度。

当前国际上的实践是在不同行业中对图像处理算法进行评估,以建立大规模、多类别及统一格式的标准测试数据库,例如 PASCAL VOC、Cityscapes、ADE20K 等。这类数据集涉及公共交通、城市环境、行为特征等多种场景,人工标记的数据具有目标检测、特征分类、图像分割等多种数据源,世界各国的研究人员可通过标准数据库来对比自己提出的算法与同行的研究成果在检测性能和算法效率等方面的不同之处,以确保算法评价结果的公平性和公正性,从而促进该行业新技术的不断发展。因此,在道路智能化养护行业中,需要建立统一的路面图像数据库和算法库,采用规范的评价指标操作,使研究人员能够在同一平台进行测试。

8.5 基于人工智能技术的工程应用实例

目前,关于道路病害智能检测的研究大部分集中在裂缝、裂纹识别等方面,沥青路面占大部分,水泥路面占少部分。然而,要使得现有的深度学习技术能够从实验室走向工程应用,就需要尽可能多地覆盖更多的病害类别,但增加病害类别的数量会带来系统设计和模型算法几何级数的难度增长,因此这就是未来该领域的长期攻坚方向。基于人工智能技术

在路面智能检测方面的应用，一部分学者采用不同的人工智能算法来实现对路面各类病害的智能检测，另一部分学者主要研究如何通过人工智能等前沿技术来提高检测的准确率和识别精度。从道路运营管理全流程的角度来看，对病害成因的识别和对病害长期发展的预测更具应用前景和价值，即需要更多地结合道路病害运营管理诉求，结合各类检测传感系统的发展，加强深度学习技术在此领域的应用研究。国内外在路面结构病害智能检测方面已有了较为成熟的工程应用。同时，国内外众多高校、科研企业也陆续研发出基于人工智能技术的各类路面损坏检测系统。

8.5.1　激光裂纹测量系统（LCMS－2）

加拿大 Pavemetrics 公司提供的激光裂纹测量系统（LCMS－2）是用于路面检查的单通道三维传感器（图 8-2）。LCMS－2 能够在一次通过中自动地对路面的所有关键功能参数进行地理标记、测量、检测和量化，包括（但不限于）：裂缝、车辙、纹理、坑洼、泌水、推挤、松散和粗糙度。相比市场上其他传感器，LCMS－2 能提供更多的符合标准且经行业验证的结果，从热拌沥青到碎石封层、多孔路面，以及标准和沟槽（镀锡）混凝土。另外，LCMS－2 可显著降低劳动力成本，减少项目完成时间。在 0～100 km/h 速度范围内，LCMS－2 可在白天或夜间完成 1 mm 分辨率的全自动路面状况测量。LCMS－2 可以输出包括. xml 格式的详细病害数据和. jpeg 格式的地理标记路面视图图像。目前，LCMS－2 已被澳大利亚的州公路局采纳使用。

图 8-2　激光裂纹测量系统

（图片来源：https://www.pavemetrics.com/）

LCMS－2 关键的自动测量能力涵盖开裂、车辙、坑洞、剥落、宏观纹理等，所有测量和报告均符合 ASTM 和 AASHTO 标准。自动测量过程完全由计算机驱动，具有测量客观、数据质量高、可重复性强的特点，同时测量结果能够达到人工手动评级的准确度。激光裂纹测量系统中的常规选项如下：

（1）纵向剖面和 IRI 选项。该选项允许使用 LCMS－2 内置的高精度惯性测量单元（IMU）来捕获纵向剖面并报告 IRI、PPF 和 ERD 数据。利用该功能，LCMS－2 能够以《用加速度计建立惯性分析基准测定行驶表面纵剖面的标准试验方法》（ASTM E950）中 1 级剖面仪的精度和偏差，在整个 4 m 车道宽度上采集和报告剖面和 IRI。用户还可以根据需要自定义轮胎桥接算法以及自定义波段滤波器(如短波、中波、长波)。

(2) 曲率、坡度和横向坡度选项。该选项可使用 LCMS－2 内置的高精度惯性测量单元(IMU)来报告纵坡、水平横坡(横坡)、曲线超高和积水。根据 AASHTO PP69(即根据收集的横向剖面确定路面变形参数和横坡)计算并报告横向坡度和截留水量。

LCMS－2 系统的主要特点和系统规范如表 8-2 和表 8-3 所列。

表 8-2　LCMS－2 系统的主要特点

系统	主要特点
LCMS－2	(1) 裂缝的自动检测与测量(密封和非密封)； (2) 坑槽的自动检测与测量； (3) 分层检测与测量； (4) 下水道和雨水道检测和清查； (5) 路面标线检测与尺寸测量； (6) 纵断面测量和粗糙度计算 (7) 自动车辙测量； (8) 拉弗林的自动检测与测量； (9) 推挤检测与测量； (10) 边缘衰减和路缘检测与测量； (11) 测量和图像的 GPS 标记； (12) 坡度、横坡和超高

表 8-3　LCMS－2 系统规范

系统	规范
LCMS－2	(1) 28 000 Hz 扫描频率； (2) 速度高达 100 km/h 的 1 mm 纵向扫描间隔； (3) 1 mm 横向分辨率； (4) 0.25 mm 垂直精度； (5) 以 25 mm 间隔进行 IRI 测量时的 0.05 mm 垂直分辨率(置信水平为 95%)

8.5.2　三维智能路面检测系统

三维智能路面检测系统是由美国的王郴平(Kelvin C. P. Wang)教授及 WAYLINK 公司与广东省建筑科学研究院合作开发的一项最新科技产品(图 8-3)。该系统基于深度学习和大规模并行处理的 CrackNet 软件实现了全自动病害检测，可为道路、机场道面的交竣工验收、日常巡查、预防性养护定期检测、道路资产调查等提供综合高效的数据支持。三维智能路面检测系统的特点如表 8-4 所列。

图 8-3　三维智能路面检测系统

(图片来源：https://www.sohu.com/a/276975908_657229)

表 8-4　三维智能路面检测系统特点

系统	特点
三维智能路面检测系统	(1) 高效率：最快检测速度可以达到 100 km/h； (2) 高识别率：智能自动分析系统病害识别准确率达 90%以上； (3) 高精度：采用深度学习算法可实现路面病害智能识别，精度达 1 mm； (4) 多功能：实现表观病害、平整度、车辙、错台、路面跳车和路面磨耗等参数的智能识别与统计，可一键导出多车道 CAD 病害图

8.5.3　车载式路面损坏三维检测系统

车载式路面损坏三维检测系统由同济大学主导研发与制造。采用线激光三维成像技术，实现全自动、快速、连续扫描以获取路面微观变形，并通过人工智能算法和相关图像处理技术，自动辨识路面损坏(包括车辙)状况和统计分析，由此完成路面损坏信息的检测。车载式路面损坏三维检测系统是应用线激光三维成像原理自动检测和评定路面损坏类型及严重程度的一个设备，可自动计算裂缝率(CR)、路面破损率(DR)和路面损坏状况指数(PCI)等，该系统主要由线激光发生器、高速高分辨率三维相机、三维数据采集系统等组成，其框架和检测流程分别如图 8-4 和图 8-5 所示。

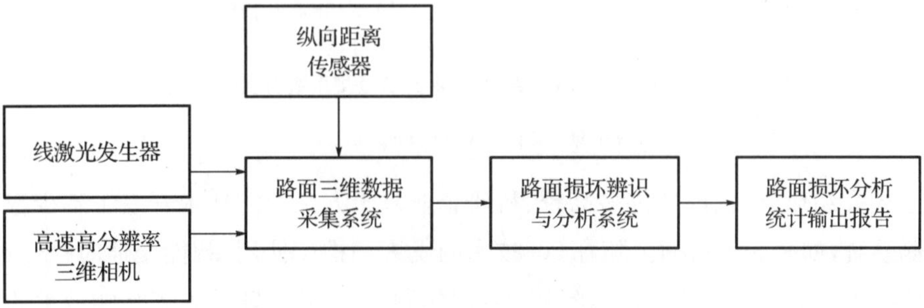

图 8-4　车载式路面损坏三维检测系统框架

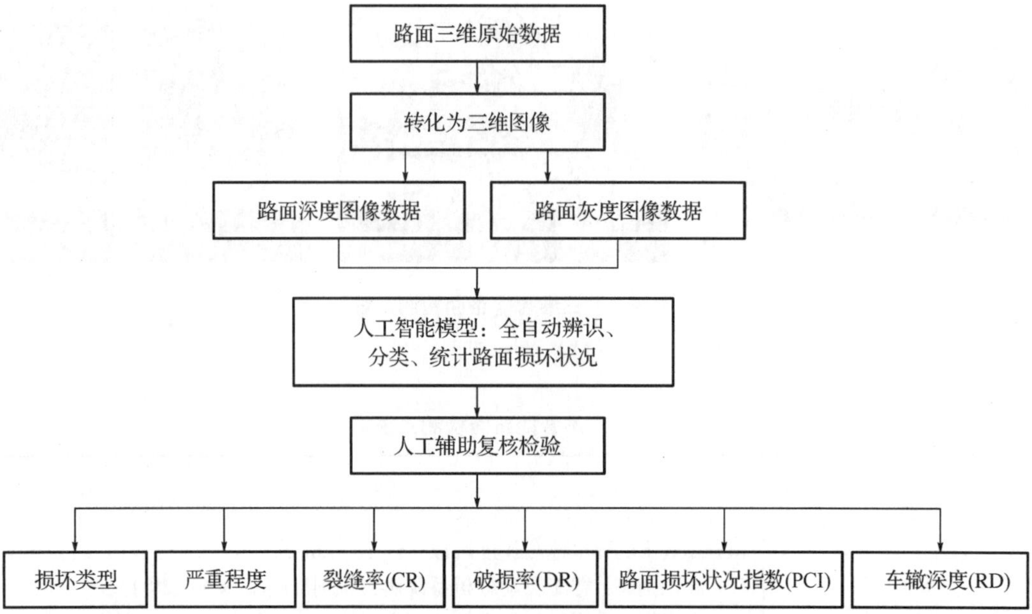

图 8-5　车载式路面损坏三维检测系统检测流程

根据车载式路面损坏三维检测系统的技术性能和应用场景的不同，设备可分为两级：Ⅰ级和Ⅱ级。Ⅰ级系统和Ⅱ级系统的主要差异在于检测性能及相应的系统硬件和软件的配置(图 8-6)。

(a) 单相机路面损坏检测系统　　(b) 双相机路面损坏检测系统

图 8-6　车载式路面损坏三维检测系统分类

(图片来源：http://www.china-pres.com/)

除上述介绍以外，国内外许多高校、科研企业基于人工智能技术开发了不少智能路面损坏检测系统，如表 8-5 所列。随着 5G 技术的发展和推广使用，智能交通时代已经来临，人工智能技术伴随智能出行服务必将成为今后的潮流。同时，随着人工智能技术的日臻完善，我国在道路交通检测维护服务方面的水平会不断提升，智能交通系统的建设也会更加完善，届时人们的出行将变得更加安全与高效。

表 8-5　国内外路面损坏三维检测系统

主要研发与制造单位	三维路面破损检测系统
ICC	IrisPRO Pave
INO	LCMS
Pathway Services Inc.	Path Runner
同济大学	车载式路面损坏三维检测系统
中公高科	多功能路况快速检测系统(CiCS)
上海普勒斯	三维路面损坏检测系统(T 系列)
长安大学	路面状况激光三维智能检测车
武汉光谷卓越	ZOYON-RTM 智能道路检测系统
北京华安宇通	道路综合检测系统(ACTS)
广东省建筑科学研究院与 WAYLINK	三维智能路面检测系统

第9章 典型路面检测系统性能汇总和评价指标

我国公路路面检测技术的规范和行业标准大多建立在现有或以往检测工作的基础上。随着科技的发展，路面检测技术逐步向着智能化、自动化和快速化方向发展以适应当前的路面检测需求。传统的路面检测方法是通过人工观察并填写在路面破损调查表上。该方法存在调查效率低、数据粗糙、误差较大、检测结果受工作人员主观认知影响较大等问题。因此，我国为了研发快速、可靠的路面检测技术，各地公路养护单位开始逐步推进路面检测自动化设备的制造与应用。本章内容是对典型路面检测系统性能汇总和检定方法的讲解，分别讲述了5种典型的路面检测系统：车载式路面损坏视频检测系统、车载式路面激光平整度仪、车载式路面激光构造深度仪、车载式路面激光车辙仪以及道路多功能检测系统等。

9.1 路面检测系统性能汇总

9.1.1 车载式路面损坏视频检测系统

车载式路面损坏视频检测系统主要由纵向距离传感器、照明光源、成像装置、定位装置、路面图像存储装置和路面损坏计算机图像处理软件组成，如图9-1所示，所有装置均安装在一辆承载车上，可在车辆行驶过程中采集和分析路面损坏。其中，纵向距离传感器一般为光电编码器，与车辆轮胎相连，记录车辆前进的距离，并以此为信号触发成像装置拍摄路面图像；成像装置即相机，传统使用高速CCD相机，但随着三维技术的发展，也有使用三维相机作为成像装置对路面图像进行采集的；定位装置一般为GPS定位装置，用于记录路面图像的位置信息。根据《车载式路面损坏视频检测系统》(JT/T 678—2019)的要求，检测系统性能上应满足以下要求：

(1) 无故障持续检测距离不小于200 km。

(2) 最大检测速度不低于100 km/h，并且在最大检测速度下，路面图像依旧可以保持清晰完整。

(3) 图像的宽度分辨率小于 1.0 mm。

(4) 图像长度测量偏差不大于 5%。

(5) 面积测量相对误差不大于 10%。

(6) 成像装置所覆盖的有效路面宽度不小于 2.6 m。

(7) 纵向距离传感器误差小于 0.1%。

(8) 定位装置的平面定位误差应满足在卫星信号覆盖率大于等于 70%时,定位误差小于 2 m;当卫星信号覆盖率小于 70%时,定位误差小于 10 m。

(9) 路面图像数据应是路面正视图,能分辨宽度在 1.0 mm 及以上的路面裂缝,图像纹理应当清晰,亮度均匀,路面检测工程师可通过肉眼观察的方法清晰地分辨出不同路面损坏的类型以及路面损坏的轮廓边界,同时路面图像数据可用于路面损坏的机器自动识别,并可长期保存。

(10) 路面损坏计算机图像处理软件应当满足:界面具有一定的操作提示和解释功能;能实现路面图像数据的自动分析和人工辅助分析;具有路面损坏特征统计和数据导出功能。

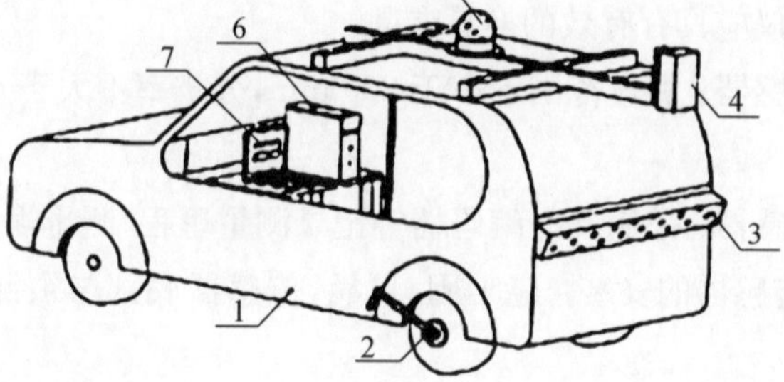

1—承载车;　5—定位装置;
2—纵向距离传感器;　6—路面图像采集及存储装置;
3—照明光源;　7—路面损坏计算机图像处理软件
4—数字成像装置;

图 9-1　车载式路面损坏视频检测系统组成

9.1.2　车载式路面激光平整度仪

车载式路面激光平整度仪是应用激光测距及加速度惯性修正技术来测量路面纵断面高程并计算路面国际平整度指数(IRI)的设备,主要由激光测距系统、纵向距离传感器和计算机处理系统等组成,其工作流程如图 9-2 所示。

激光测距系统包括激光发生器和激光收集器,均安装在测试车前端横杠内,用于发射和收集激光束,确定激光时差;纵向距离传感器用来测定测试车的行驶距离并传送至计算机处理系统;激光传感器的外传感箱外面安装了两个加速度仪,用来弥补修正汽车轴承的改变;计算机系统软件控制整个测试过程,并存储标定参数、传送的路面高程高差,然后利

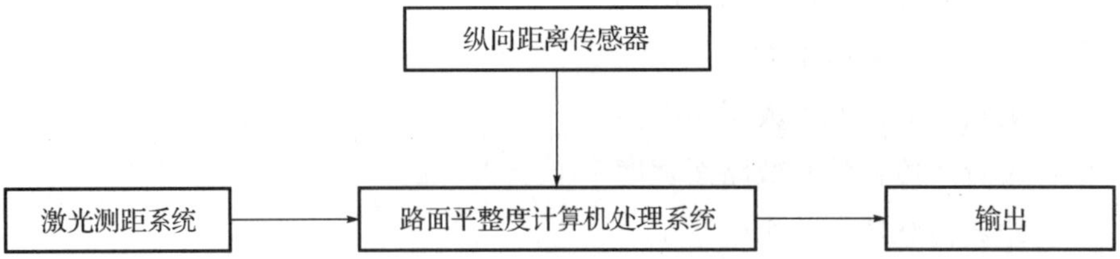

图 9-2　激光平整度仪的工作流程

用系统软件计算路面国际平整度指数 *IRI* 值。激光平整度仪在检测性能上应满足以下要求：

(1) 承载车速度：30～100 km/h，检测速度的影响误差不大于 5%。

(2) 采样间隔：≤500 mm。

(3) 传感器测试精度：1.0 mm。

(4) *IRI* 测量范围：0～10 m/km。

(5) *IRI* 测量重复性：变异系数 C_v≤5%。

(6) *IRI* 测量相对误差：Ⅰ级为≤5%；Ⅱ级为≤15%。

(7) 激光平整度仪应具有有效的换算参数。

(8) 激光测距传感器：测量范围不小于 200 mm，分辨率不大于 0.1 mm，响应频率大于 300 Hz。

(9) 纵向距离传感器：采用光电编码器等记录测量里程，测量误差≤0.05%。

(10) 激光测距传感器的安装：应牢固、可靠，传感器底部与被测路面之间的垂直距离不小于 250 mm。

(11) 计算机处理系统：经过计算机系统处理后的结果包括纵断面高程数据和国际平整度指数 *IRI*。

9.1.3　车载式路面激光构造深度仪

车载式路面激光构造深度仪是采用激光测距设备对被测表面进行连续测距，在一定的概率分布假设的基础上，通过理论模型推算出被测表面的构造深度。由于计算模式的差别，对于相同的被测表面，不同的车载式路面激光构造深度仪的计算示值存在一定差异，因此在实际工程应用中，要按照相应的规范经过相关性试验，仪器才可用于路面构造深度评价。车载式路面激光构造深度仪主要由激光测距传感器、纵向距离传感器和计算机处理系统等组成，其工作流程如图 9-3 所示。

车载式路面激光构造深度仪是利用激光测距原理来测量地面材料颗粒表面及材料颗粒之间深度变化的情况。该仪器输出的测试结果是沿着测线断面一定间距长度内的平均深度数据。激光测距传感器一般安装在车轮位置，但是通车时间较长的车道上轮迹带位置和其他位置的构造深度差异较大，所以检测车必须严格按照正常的行车轨迹行驶。车载式

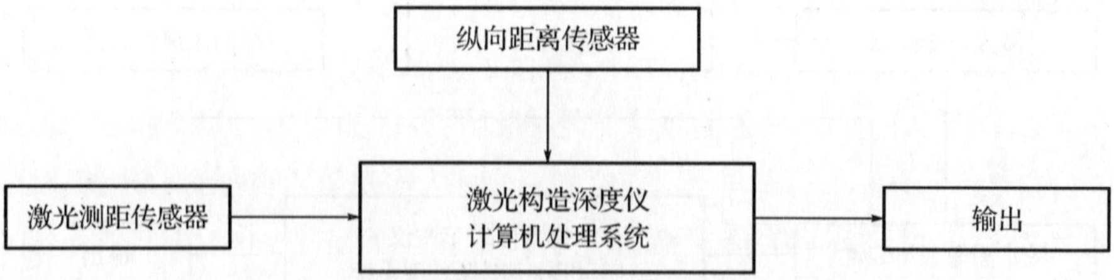

图 9-3　车载式路面激光构造深度仪的工作流程

路面激光构造深度仪的检测性能应满足以下要求：

（1）垂直测距示值误差：Ⅰ级为±0.1；Ⅱ级为±0.5。

（2）纵向距离传感器误差：测量范围±0.1%。

（3）构造深度测量重复性：构造深度测量变异系数 $C_v \leqslant 10\%$。

（4）构造深度示值误差：Ⅰ级为±5；Ⅱ级为±15。

（5）测量范围：0～2 mm。

（6）激光测距传感器：激光测距传感器的安装应牢固、可靠，其测量范围不小于 200 mm，光斑直径不大于 0.5 mm，有效采样频率不小于 8 kHz。

（7）纵向距离传感器：采用光电编码器等记录里程。

（8）计算机处理系统：计算机主要操作界面应附有屏幕操作提示和解释功能；能实现检测数据的存储、分析、传送和构造深度的计算输出；处理后的结果应包括各采样段落的构造深度值。

9.1.4　车载式路面激光车辙仪

按照计算路面车辙深度的方式不同，车载式路面激光车辙仪可分为两类。第一类是应用共梁多激光传感器测距技术直接测量路面横断面高程并计算路面车辙深度的设备，主要由激光测距传感器、纵向距离传感器和计算机处理系统等组成，其工作流程如图 9-4 所示。第二类是采用线激光、图像采集技术，通过对投射到路面上的激光线变形计算路面车辙深度的设备，主要由激光光源、数字图像采集装置、纵向距离传感器和计算机图像处理系统等组成，其工作流程如图 9-5 所示。

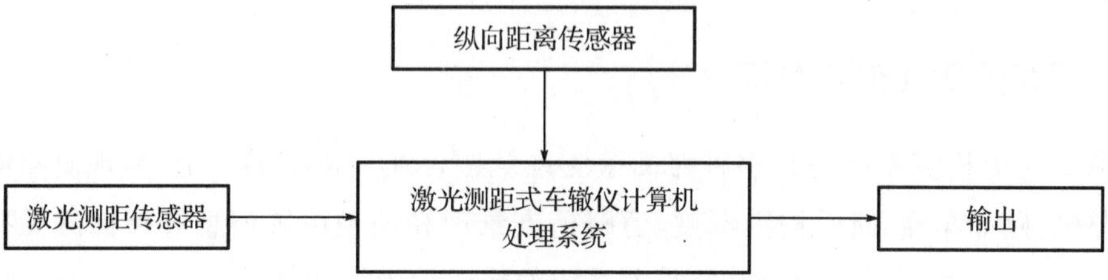

图 9-4　激光测距式车辙仪的工作流程

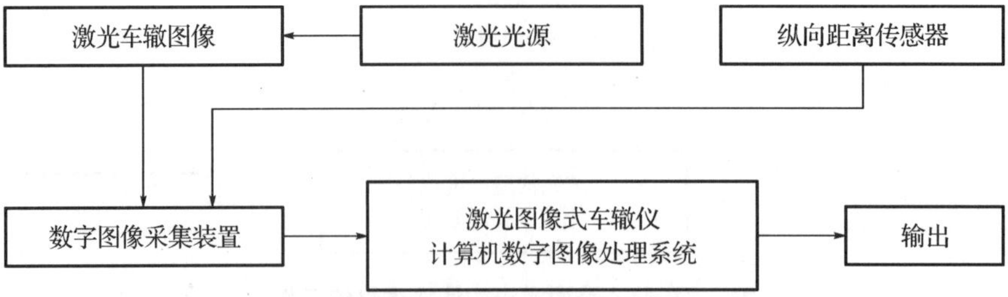

图 9-5　激光图像式车辙仪的工作流程

激光图像式车辙仪的工作原理是：路面图像采集装置采集含有激光反射线的图像数据。激光源照射在路面上，形成含有激光线的路面图像；计算机数字图像数据处理系统通过图像处理来获得路面扫描线的位置和变化特征；车辙仪计算系统通过拟合路面、去噪、车辙判定和计算等模块实现车辙数据的提取；最后输出相应的数据。激光图像式车辙仪的检测性能应满足以下要求：

(1) 承载车最大行驶速度不低于 100 km/h。

(2) 纵向采样间距：≤200 mm。

(3) 横断面采样点数量：Ⅰ级为≥17 个；Ⅱ级为≥13 个。

(4) 横断面有效检测宽度：≥3.2 m。

(5) 横断面测试点垂直测距示值误差：Ⅰ级为±0.3 mm；Ⅱ级为±1.0 mm。

(6) 纵向距离传感器误差：≤0.1%。

(7) 车辙深度测量重复性：C_v≤5%。

(8) 车辙深度误差：Ⅰ级为 10%；Ⅱ级为 15%。

(9) 激光测距传感器的测量范围：≤200 mm；响应频率：≥150 Hz。

(10) 激光图像式车辙仪：激光光源发射的光束以一定角度在路面上横向成像；数字图像采集装置的纵向测试视场大于 500 mm，装置安装在检测车后部中间位置，光轴近似对准路面激光线位置。

(11) 计算机处理系统：计算机主要操作界面应附有屏幕操作提示和解释功能；能实现检测数据的存储、分析、传送和车辙深度的计算输出；处理后的结果应包括各测量断面的车辙深度值。

9.1.5　道路多功能检测系统

道路多功能检测系统是将多种路面检测系统融合在一辆检测车上，实现对路面损坏、路面平整度、路面车辙、路面构造深度、道路前方景观和地理位置信息等指标的无接触、快速采集，如图 9-6 所示。道路多功能检测系统的构成较为复杂，根据相应的功能，主要分为 11 个模块：汽车载体、车载设备控制装置、车载供电系统、车载计算机分析与存储系统、车载式路面平整度检测系统、车载式路面车辙检测系统、车载式路面损坏检测系统、车载式路面构造深度检测系统、道路景观图像采集系统、卫星定位检测系统、距离校准与触发系统等。其中，车载式路面损坏检测系统应当满足本书第 9.1.1 节车载式路面损坏视频检测系统的相关要求，能同时适应沥青路面与水泥路面等不同类型路面的路面损坏检测任务，检测宽度应不低于正常车道宽度的 70%且能识别 1 mm 宽度的裂缝。车载式路面平整度检测系统应当满足本书第 9.1.2 节车载式路面激光平整度仪的相关要求，检测速度影响误差小于 5%，重复性小于 5%。车载式路面构造深度检测系统应当满足本书第 9.1.3 节车载式路面激光构造深度仪的相关要求，纵向采样间隔达到 1 mm，高程分辨率达到 0.05 mm，重复率小于 5%。车载式路面车辙检测系统应当满足本书第 9.1.4 节车载式路面激光车辙仪的相关要求，纵向采样间距达到 100 mm，横向采样间距不大于 300 mm，检测宽度不小于 3 500 mm，重复率小于 5%。此外，还应满足以下要求：

(1) 车辆各部件应完好，无缺损情况。外观喷涂"道路检测"等警示性安全标语、安装警示灯等。

(2) 车载供电设备应当至少满足 8 h 工作续航时间，或者只使用车辆电源为各系统供电。

(3) 距离校准与触发系统的精度达到毫米级，误差不大于 0.1%，并且能保证各个系统的同步采集。

(4) 道路景观图像采集系统应采用高分辨率面阵相机，分辨率大于 200 万像素。

图 9-6　道路多功能检测系统

9.2　路面检测系统的检定方法

9.2.1　车载式路面损坏视频检测系统检定方法

路面损坏视频检测系统的检定项目分为 8 个类别，分别是外观、成像分辨率检定、横纵向长度测量偏差检定、路面损坏面积相对误差检定、纵向距离传感器相对误差检定、路面损坏面积测量重复性检定、定位装置平面定位误差检定和路面损坏计算机图像处理软件检定。

(1) 外观方面，装备有路面检测系统的承载车辆应当满足《中华人民共和国道路交通安全法》和《机动车登记规定》等相关法律法规中的规定并通过车辆管理部门的登记。车载检测系统的标牌和标志应当明确，产品名称、产品型号、生产厂商名称、产品技术参数、制造日期等信息应当清晰。

(2) 成像分辨率检定方面，将分辨率测试板分别放置在试验路面上路面检测系统成像区域的左侧边界、右侧边界、纵向中轴线三个位置处，检测系统承载车以不低于 50 km/h 的速度通过试验测试路段并采集各分辨率测试板图像，通过目测方法判断检测系统采集的图像，记录可以准确分辨的样条数，根据样条计数和实际样条数的一致性来判断成像分辨率的大小，所测的三个位置的样条成像分辨率均应当满足图像宽度分辨率不大于 1.0 mm 的要求。

(3) 横纵向长度测量偏差检定方面，需要用到测量范围为 0～1 m、分度值不大于 1 mm 的钢直尺，将钢直尺沿车道方向放置在试验路段的车道中心线上，检测系统承载车以不低于 50 km/h 的速度通过试验路段并采集钢直尺图像，通过检测系统图像测量钢直尺长度作为纵向长度 l_1，之后沿车道垂直方向重新放置钢直尺，检测车再次驶过试验路段，通过检测系统图像测量钢直尺长度作为横向长度 l_2，横、纵向长度测量偏差的计算公式如下

$$\delta=\frac{2\times|l_2-l_1|}{|l_2+l_1|}\times 100\% \tag{9-1}$$

(4) 路面损坏面积的计算是检测系统中最重要的部分，在对路面损坏面积相对误差的检定上，通过在试验路段放置不同类型的路面损坏标准样块，样块的损坏面积已经通过标准装置进行测量，检测车以不小于 50 km/h 的速度通过实验路段并采集包含各个标准样块的路面图像，通过检测系统输出样块中不同类型路面损坏的面积，其中裂缝的损坏面积按照裂缝长度乘以影响宽度进行计算，影响宽度取 0.2 m，块状裂缝、龟裂的损坏面积按照损坏区域的最小外接矩形面积进行计算。比较检测系统输出的损坏面积和样板实际的损坏面积来计算路面损坏面积的相对误差。

(5) 纵向距离传感器通过车辆行驶的距离触发成像装置来对路面状况进行采集以形成路面图像数据。在纵向距离传感器相对误差的检定上，通过固定实际检测路段计算检测系统的测量长度的方法，得到纵向传感器的相对误差。使用全站仪量取 500 m 长度的试验路段，并分别在其起点和终点打上标记，将检测车停放在试验路段的起点处，将装有纵向距离传感器的轮胎中心线对准起点标记，启动检测系统，开始距离采集，检测车辆沿车道直线行驶到终点处，当测距轮中心线与终点标记对准时，结束距离测量，计算检测系统记录的检测距离与实际试验路段距离的相对误差。

(6) 路面损坏面积测量重复性检定通过多次对同一试验路段的检测，观测实验中计算

得到的路面损坏总面积是否发生了较大差异。具体检定方法为在试验路段上放置不同类型的路面损坏标准样块，检测车以不低于 50 km/h 的速度通过试验路段并计算各个类型路面损坏的总面积，重复 10 次相同的操作，计算路面损坏总面积的重复性变异系数，以此作为路面损坏面积测量重复性的检定结果。

(7) 定位装置平面定位误差检定方面，由于卫星覆盖率有小于 70%和大于等于 70%两种情况，所以需要选择至少两个试验路段。卫星覆盖率是指可接收有效卫星信号路段长度之和占试验路段总长度的比例。单个试验路段的长度为 100 m，检测车以车流速度通过试验路段，每 10 m 记录一个大地坐标，并计算该点的平面坐标 (x_1, y_1)，采用全站仪对试验路段对应 10 m 间隔的点进行平面测量，根据已知基准点坐标得到各点的平面直角坐标 (x_2, y_2)。两种方法测得的坐标系应采用同一坐标系，计算两种方法之间的距离偏差，作为定位装置平面定位偏差的检定结果。

(8) 路面损坏计算机图像处理软件检定方面，主要对计算机图像处理软件的界面和程序运行情况进行检定，要求自动识别或者人工辅助分析时，路面的病害类型和病害计算方法要与《公路技术状况评定标准》或其他相应标准保持一致；同时，软件的使用逻辑是否合理、采集完成后可否对采集数据进行校正(如图像桩号的校准、路段分段的更改等)、软件中图像显示是否完整，路面损坏是否清晰等。

9.2.2　车载式路面激光平整度仪检定方法

激光平整度仪的检定项目分为 6 个类别，分别是外观、激光测距传感器垂直测距示值误差检定、纵向距离传感器误差检定、检测速度影响误差检定、*IRI* 测量重复性检定和 *IRI* 测量误差检定。

(1) 外观方面，该仪器为车载式路面激光平整度仪，所以承载车辆应满足《中华人民共和国道路交通安全法》和《机动车登记规定》等相关法律法规中的规定并通过车辆管理部门的登记。激光平整度仪各部分表面漆色应光滑、均匀，外观应光洁、无缺损、无锈蚀。激光平整度仪的标牌内容应包括产品型号、产品名称、生产厂商名称、产品技术参数、生产编号和制造日期等信息且应清晰显示；标志内容应包括使用编号、最近一次的检定日期等。

(2) 激光测距传感器垂直测距示值误差的检定，将检测车停放在硬性水平路面上，启动检测系统，手动调整检测平台，使激光线投影点位于检测平台的中心位置，调整检测平台使之水平。当激光测距传感器测试至检测平台的垂直距离时，该点作为零基准点，然后分别放入标准值为 5 mm、20 mm、40 mm、80 mm 四种规格的标准量块，记录对应得出的检测系统输出示值，按式(9-2)计算垂直测距示值误差，得到垂直测距示值误差为Ⅰ级是 ±0.5 mm，Ⅱ级是±1.0 mm。

$$K = H_{标} - H_{测} \tag{9-2}$$

式中　K ——垂直测距示值误差，mm；

$H_{标}$——量块标准值，mm；

$H_{测}$——检测值，mm。

(3) 纵向距离传感器误差检定方面，先利用全站仪在合适的平整直线路段上量取500 m长度，并分别在起点、终点刻画标记。然后将检测车停放在试验路段的始点处，将纵向距离传感器测距轮的中心线对准始点横线，启动检测系统，检测车沿着车道线平行方向驶向终点，同时开始距离测量，当测距轮的中心线与终点横线对准时停车，记录检测系统输出的行驶距离测试值。按式(9-3)计算纵向距离传感器误差

$$D=\frac{|D_{标}-D_{测}|}{D_{标}}\times 100\% \tag{9-3}$$

式中 D——纵向距离传感器误差，%；

$D_{标}$——500 m 长度标准值，m；

$D_{测}$——纵向距离传感器所得测量值，m。

(4) 检测速度影响误差检定方面，先选择一条 $IRI<3.0$ 且分布均匀的 300 m 长度的试验路段，在轮迹带沿车道线平行位置画上明显的测线，做好起点、终点的刻画标记。车辆在试验段起点处分别以 50 km/h 和 80 km/h 的速度匀速通过试验路段，测试过程中激光测距传感器应沿着测线通过，当激光测距传感器经过终点标记后结束测试。为了尽可能地减小误差，对该试验段重复测试 5 次，取平均值作为 50 km/h 的平均值 IRI_{50} 和 80 km/h 的平均值 IRI_{80}。根据这两种速度下检测的 IRI 值，计算检测速度影响误差 $\frac{|IRI_{50}-IRI_{80}|}{IRI_{80}}\times 100\%$。

(5) IRI 测量重复性检定方面，选择或设置两条长度均为 300 m、IRI 分别为 0～2 m/km 和 5～7 m/km 的试验路段，在轮迹带沿车道线平行位置画上明显的测线，并做好起点、终点的刻画标记。在试验段的起点处，车辆以 60 km/h 的速度对该试验段的 IRI 进行 10 次测试，并计算 10 次测试结果的变异系数 C_v。在两条路段的 IRI 重复性测量中，选择变异系数较大的路段作为检测结果。

(6) IRI 测量误差检定方面，选择或设置四条长度均为 300 m、不同 IRI 水平的试验路段，在轮迹带沿车道线平行位置画上明显的测线，并做好起点、终点的刻画标记。在试验段起点处，检测车以 50 km/h 的速度对该试验段进行检测，得到的结果经换算参数计算后作为检定设备的测量值 $IRI_{测}$，按式(9-4)计算相对误差 R。

$$R=\frac{|IRI_{标}-IRI_{测}|}{IRI_{标}}\times 100\% \tag{9-4}$$

式中 $IRI_{测}$——激光平整度仪所得测量值，m/km；

$IRI_{标}$——试验路段标准平整度值，m/km。

9.2.3　车载式路面激光构造深度仪检定方法

激光构造深度仪的检定项目分为 5 个类别，分别为外观、激光构造深度仪垂直测距示值误差检定、纵向距离传感器误差检定、构造深度测量重复性检定和构造深度示值误差检定。

(1) 外观方面，该仪器为车载式路面激光构造深度仪，所以承载车辆应满足《中华人民共和国道路交通安全法》和《机动车登记规定》等相关法律法规中的规定并通过车辆管理部门的登记。激光构造深度仪各部分表面漆色应光滑、均匀，外观应光洁、无缺损、无锈蚀。激光构造深度仪的标牌内容应包括产品型号、产品名称、生产厂商名称、产品技术参数、生产编号和制造日期等信息且应清晰显示；标志内容应包括使用编号、最近一次的检定日期等。

(2) 激光构造深度仪垂直测距示值误差检定方面，先将检测车停放在硬性路面上，把检测平台放在激光测距传感器正下方的路面上，保证其稳定；然后启动检测系统使激光测距传感器开始工作，手动调整检测平台，使激光投射点位于检测平台的中心位置，并调平检测平台；将激光测距传感器测试至检测平台的垂直距离作为零基准点，并分别放入标准值为 5 mm、20 mm、40 mm、80 mm 四种规格的标准量块，记录对应得出的检测系统输出示值，计算检测系统输出示值与标准量块的检测值之差。

(3) 纵向距离传感器误差检定方面，先选好合适的平直路段，利用钢卷尺准确量取 500 m 长度，并在起点、终点刻画标记；检测车在试验路段的起点处，将纵向距离传感器测距轮的中心线对准起点，启动检测系统，检测车沿车道线平行方向驶向终点，当测距轮的中心线与终点标记对准时停车，计算检测系统输出的行驶距离测试值与试验路段量取的实际值的误差。

(4) 构造深度测量重复性检定，检定方式有标准圆盘法或模拟盘测试法。其中，Ⅰ级激光构造深度仪的检定应采用标准圆盘法。在进行构造深度测量重复性检定时，计算标准圆盘各台阶区域(或模拟盘)构造深度 10 次测量结果的变异系数 C_v，计算式见式(9-5)，取变异系数最大值作为检定结果。

$$\left.\begin{aligned} C_{\mathrm{v}} &= \frac{S}{\bar{x}} \times 100\% \\ S &= \sqrt{\frac{\sum_{i=1}^{n}(x_i-\bar{x})^2}{n-1}} \end{aligned}\right\} \tag{9-5}$$

式中　S ——重复性标准差；

$\bar{x}$ ——测量结果算术平均值；

x_i ——第 i 次测量结果。

(5) 构造深度示值误差检定方面，检定方式有标准圆盘法或模拟盘测试法。取标准圆盘各台阶区域(或模拟盘)构造深度10次测量的平均值作为测量结果,计算构造深度示值误差R绝对值,并取最大值作为检测结果。R的计算见式(9-6)。

$$R=\frac{\overline{TD_{c}}-TD_{b}}{TD_{b}}\times 100\% \tag{9-6}$$

式中 $\overline{TD_{c}}$——激光构造深度仪所测得的构造深度平均值,mm;

TD_{b}——标准圆盘各台阶区域(或模拟盘)测量值,mm。

9.2.4 车载式路面激光车辙仪检定方法

激光车辙仪的检定项目分为7个类别,分别是外观、横断面采样点数量检定、横断面有效检测宽度检定、横断面测试点静态垂直测距示值误差检定、纵向距离传感器误差检定、车辙深度测量重复性检定和车辙深度误差检定。

(1) 外观方面,该仪器为车载式激光车辙仪,所以承载车辆应满足《中华人民共和国道路交通安全法》和《机动车登记规定》等相关法律法规中的规定并通过车辆管理部门的登记。激光车辙仪各部分的表面漆层应光滑、均匀;各部分的外观应光洁、无缺损、无锈蚀。激光车辙仪的标牌内容应包括产品型号、产品名称、生产厂商名称、产品技术参数、生产编号和制造日期等信息且应清晰显示;标志内容应包括使用编号、最近一次的检定日期等。

(2) 横断面采样点数量检定方面,横断面的采样点数量只有激光测距式车辙仪需进行检定,激光图像式车辙仪不进行此项检定。激光测距式车辙仪可目测仪器投射到硬性地面上的激光测试点数,并要求Ⅰ级采样点数量不少于17个,Ⅱ级采样点数量不少于13个。

(3) 横断面有效检测宽度检定方面,对于激光测距式车辙仪,利用钢卷尺检测其投射到硬性地面上最外侧两个激光测试点之间的直线距离;对于激光图像式车辙仪,利用钢卷尺检测其投射到硬性地面上的有效激光线的长度。

(4) 横断面测试点静态垂直测距示值误差检定方面,激光测距式车辙仪的检定方法为,首先将检测车停放在硬性路面上,把检测平台放在所测激光测距传感器正下方的路面上,启动检测系统后,手动调整检测平台,使激光投射点位于检测平台的中心位置,并调平检测平台;当测试至检测平台的垂直距离时,将其作为零基准点,再放入5 mm、20 mm、40 mm、80 mm四种规格的标准量块,记录相应得到的检测系统输出示值,并计算标准量块的标准值与检测系统输出示值之差。激光图像式车辙仪的检定方法为,在激光投射到硬性地面上的有效投射线上,每隔200 mm检测一个点,要求所有检测点的输出示值与标准量块的标准值之间的差值应满足Ⅰ级为±0.3 mm、Ⅱ级为±1.0 mm。

(5) 纵向距离传感器误差检定,具体检定步骤为:首先,在选定的合适标准试验路段上利用全站仪或钢卷尺量取长度为500 m的路段,并刻画好起点、终点;然后,检测车从试验段的起点处,当纵向距离传感器测距轮的中心线对准起点标记点时,启动检测系统,检测车以匀速沿着车道线平行方向驶向终点,当测距轮的中心线与终点标记对准时停车,检测系统输出的行驶距离测试值与试验路段量取的实际值之间的误差即为检定内容，且误差应不大于 0.1%。

(6) 车辙深度测量重复性检定及车辙深度误差检定分为标准试验路法和路段测试法，要求Ⅰ级激光车辙仪的检定应采用标准试验路法。

① 标准试验路法的试验步骤为：首先，试验组块在平坦的道路上每隔 10 m 设一组；测量过程中，每隔 100 mm 设置一个测点，严格控制前视与后视的视距差，将水准仪架设在中间且位置距车辙断面中心线的垂直距离不小于水准仪的最小量程；测量范围要求分别为 0～10 mm、10～20 mm、20～30 mm、30～40 mm 和 40～50 mm。其次，分别在标准试验路段测试段起点、终点处刻画标记点，要求检测车在起点处的行驶速度达到 60 km/h，且能够输出各试验组块断面处的车辙深度；检测车以 60 km/h 的速度沿着轨迹线驶过试验路段，当检测车前轮经过终点标记时，结束检测并保存数据。最后，以试验组块中心断面的车辙深度检测值作为该断面的车辙测量值，并按照上述试验方法重复测试 10 次。

② 路段测试法的试验步骤为：先分别选取三条长度不小于 300 m 的试验路段，车辙深度范围分别为 0～10 mm、20～30 mm 和 40～50 mm，在轮迹带沿车道线平行位置画上测线，并刻画好起点、终点标记。在试验路段上每间隔 10 m 画上断面标记，设备测量每个断面的车辙深度，计算路段各断面车辙深度平均值，并作为该路段的标准车辙深度值。要求检测车在起点处以 60 km/h 的速度沿着轮迹标识线匀速驶过试验路段，当检测车前轮经过终点标记时，结束检测并保存数据；分别计算各路段车辙深度的平均值，作为该路段车辙深度测量的结果，并按照上述试验方法重复测试 10 次。

各路段车辙深度测量结果的变异系数 C_v 的计算公式见式(9-5)。

路段车辙深度误差 R 的计算公式见式(9-7)。

$$R=\frac{|R_{\text{U标}}-R_{\text{U测}}|}{R_{\text{U标}}}\times 100\% \tag{9-7}$$

式中　$R_{\text{U测}}$——激光车辙仪所测的车辙深度，mm；

$R_{\text{U标}}$——试验路段标准车辙深度值，mm；

R——车辙深度误差。

9.2.5　道路多功能检测系统检定方法

道路多功能检测系统的检定项目分为 8 个类别，分别是外观、距离校准与触发系统检定、卫星定位系统检定、车载式路面损坏检测系统检定、车载式路面平衡度检测系统检定、车载式路面车辙检测系统检定、车载式路面构造深度检测系统检定和道路景观图像采集系统检定。

(1) 外观方面，通常采用目视法对其外观进行检查，其警示标志、警报器、设备反光标识是否安装。

(2) 距离校准与触发系统检定方面,距离校准检定方法与本书第 9.2.1 节中距离测量方法相同,除此以外还需要对同步触发功能进行检定,将所有检测系统置于开启状态,选择试验道路,车辆以一定的速度通过试验道路,观察路面损坏检测系统、路面车辙检测系统、路面平整度检测系统、路面构造深度检测系统和道路景观图像采集系统是否能同时工作,以及采集的图像桩号是否对应。

(3) 卫星定位系统检定方面,卫星定位系统检定方法与本书第 9.2.1 节中的定位装置检定方法相同。

(4) 车载式路面损坏检测系统检定,与本书第 9.2.1 节中的检定方法相同。

(5) 车载式路面平整度检测系统检定,与本书第 9.2.2 节中的检定方法相同。

(6) 车载式路面车辙检测系统检定,与本书第 9.2.4 节中的检定方法相同。

(7) 车载式路面构造深度系统检定,与本书第 9.2.3 节中的检定方法相同。

(8) 道路景观图像采集系统检定与本书第 9.2.1 节中的检定方法相同。

9.3 路面检测系统评价指标

对不同类别的路面检测系统测量所得的数据进行统计分析和验证评价是评定路面检测系统可行性和优劣性的重要步骤,是研究各种路面检测系统测量方法和测量准确性的主要方法,也是确保各种路面检测系统检测结果准确性的基础。常用的评价指标包括:相关性评价指标、重复性评价指标和误差准确性评价指标。

9.3.1 相关性评价

相关性研究是判断两个独立变量之间是否存在相关关系的过程和方法,也是建立两个总体变量之间关系模型的前提。相关系数是度量相关性的指标,两个总体 X 和 Y 的相关系数通常用 ρ 来表示,即

$$\rho_{XY}=\frac{\mathrm{COV}(X,\ Y)}{\sqrt{\mathrm{VAR}(X)\mathrm{VAR}(Y)}} \tag{9-8}$$

其中,$\mathrm{COV}(X,\ Y)$ 为两个总体 X 和 Y 的协方差,$\mathrm{VAR}(X)$ 和 $\mathrm{VAR}(Y)$ 分别是总体 X 和 Y 的方差。在实际问题中,由于总体存在无穷多的数据,因此使用全部数据进行分析是很难实现的。在数据统计和处理过程中,通常从总体中取出一定数量的样本观测值,将来自两个独立总体中的 n 个样本观测值记作

$$(x_1,\ y_1),\ (x_2,\ y_2),\ \cdots,\ (x_n,\ y_n)$$

其中,对于变量 $j=1,\ \cdots,\ n$, x_j 和 y_j 是来自同一次试验两个总体的观测值,那么对于样本观测数据可以有

$$\bar{x}=\frac{1}{n}\sum_{j=1}^{n}x_j,\quad s_x^2=\frac{1}{n-1}\sum_{j=1}^{n}(x_j-\bar{x})^2 \tag{9-9}$$

$$\bar{y}=\frac{1}{n}\sum_{j=1}^{n}y_j,\quad s_y^2=\frac{1}{n-1}\sum_{j=1}^{n}(y_j-\bar{y})^2 \tag{9-10}$$

那么样本的协方差 s_{xy} 为

$$s_{xy}=\frac{1}{n-1}\sum_{j=1}^{n}(x_j-\bar{x})(y_j-\bar{y}) \tag{9-11}$$

当 $s_x s_y \neq 0$ 时，称

$$r_{xy}=\frac{s_{xy}}{s_x s_y} \tag{9-12}$$

为样本观测值的皮尔逊(Pearson)相关系数，通过大数定律可以证明，样本相关系数 r_{xy} 为总体相关系数 ρ_{XY} 的强相合估计，因此可将 r_{xy} 作为总体的相关系数。相关性系数是一个取值在[−1, 1]之间的数值，当 $r_{xy}<0$ 时，说明两个总体呈负相关；当 $r_{xy}>0$ 时，说明两个总体呈正相关，并且随着数值不断增大，相关程度也随之增大。在实际问题中，通常将 $r_{xy}\geqslant 0.8$ 的情况称为强相关，$0.5\leqslant r_{xy}<0.8$ 的情况称为中度相关，$0.3\leqslant r_{xy}<0.5$ 的情况称为弱相关，$r_{xy}<0.3$ 的情况称为极弱相关甚至不相关。

通过对相关系数的分析，可以说明两个总体的相关程度，但为了进一步证明两个总体的相关性，需要进行显著性检验。显著性检验通常采用 T 检验，对于假设

$$H_0:\ r_{xy}=0,\quad H_1:\ r_{xy}\neq 0$$

当检验结果拒绝 H_0 时，即认为两个总体是相关的。因此，对于以上假设取检验统计量 T 为

$$T=r_{xy}\sqrt{\frac{n-2}{1-r_{xy}^2}}\sim t(n-2) \tag{9-13}$$

该假设问题在显著性水平 α 上的拒绝域为

$$W=\{|T|>t_{\frac{\alpha}{2}}(n-2)\} \tag{9-14}$$

通过分析检验假设的拒绝与接收情况可以对两个总体的相关性进行判断，而在数理统计中，一般以 P 值作为显著性检验的标准。根据确定的显著性水平，当 P 值大于设定的显著性水平时，认为不能拒绝原假设，相反则拒绝原假设，那么对于上文所述的 T 检验而言，当 P 值小于显著性水平时便拒绝 H_0，即认为两个总体显著性相关。通常显著性水平取 0.05，当进行严谨或具有较高要求的检验时，显著性水平可取 0.01。在检验了二者的相关性之后，对于相关性较强的总体，认为二者是可以相互转化的，即可通过其中一个总体的值来求得另一个总体所对应的值，因此通常采用线性回归法对两个总体建立相关关系模型，

以进一步明确二者的关系。假设两个总体间存在相关关系，那么可以建立如下关系模型：

$$\hat{y} = \hat{\beta}_0 + \hat{\beta}_1 x + \varepsilon \tag{9-15}$$

其中，ε 为随机误差，表示除了 x 之外的因素对 y 的影响。通过最小二乘法，即可得到参数的最小二乘估计值：

$$\left.\begin{aligned} \hat{\beta}_0 &= \bar{y} - \hat{\beta}_1 \bar{x} \\ \hat{\beta}_1 &= \frac{\sum_{i=1}^{n}(i - \bar{x})(\bar{y}_i - \bar{Y})}{\sum_{i=1}^{n}(i - \bar{x})^2} \end{aligned}\right\} \tag{9-16}$$

得到回归直线系数的最小二乘估计，记残差 $e_i = y_i - \hat{y}_i$，便可以进一步求得随机误差方差的最小二乘估计：

$$\hat{\sigma} = \frac{\sum_{i=1}^{n} \mathrm{e}_i^2}{n - 2} \tag{9-17}$$

在建立了二者的关系模型之后，为了确定所建立的关系模型的显著性及模型是否存在真实意义，同样需要对所建立的回归模型进行显著性检验。回归模型的检验方法有 F 检验、T 检验和 R 检验。其中，F 检验是根据方差的思想来构建统计量；T 检验是从回归模型的截距 $\hat{\beta}_1$ 的分布出发构造统计量；R 检验是从二者的相关系数出发构造统计量。然而，在对两个总体的一元线性回归模型的分析中，F 检验、T 检验及 R 检验是等价的。这里以 T 检验为例，对于回归模型而言，如果斜率为 0，那么无论自变量如何变化，因变量均不随自变量的变化而变化。因此，可以建立假设

$$H_0：\beta_1 = 0, \quad H_1：\beta_1 \neq 0$$

通过相关定理可以取检验统计量 T 为

$$T = \frac{\hat{\beta}_1 \sum_{i=1}^{n}(x_i - \bar{x})^2}{\hat{\sigma}} \sim t(n - 2) \tag{9-18}$$

该假设问题在显著性水平 α 上的拒绝域如式(9-14)所示。若结果拒绝 H_0，则认为回归模型是显著的且有意义的。

9.3.2 重复性指标研究

重复性是检验数据结果稳定性和可靠性的重要指标，通常是对同一个研究对象采用同样的方法进行多次（$n \geqslant 10$）重复的数据采集，并对多次结果进行统计计算从而研究方法的稳定可靠性。我国计量标准对重复性的相关内容进行了详细的描述和介绍，并引入变异系

数 C_v 作为度量重复性的指标，其主要思想是通过计算多次的数据的标准差与均值的比值来判断每次数据的偏差率，从而判断测试结果的稳定性，主要计算方法见式(9-19)。

$$\left.\begin{aligned} C_v &= \frac{S}{\bar{x}} \times 100\% \\ S &= \sqrt{\frac{\sum_{i=1}^{n}(x_i-\bar{x})^2}{n-1}} \\ \bar{x} &= \frac{1}{n}\sum_{i=1}^{n}x_i \end{aligned}\right\} \tag{9-19}$$

式中　n ——数据采集的重复次数；

S —— n 次采集数据的标准偏差；

x_i ——第 i 次数据值；

$\bar{x}$ —— n 次数据的算术平均值。

根据我国交通行业的相关标准，对于自动化检测设备而言，其重复性检验结果的变异系数不应大于 5%。

9.3.3　误差准确性分析

为了进一步验证数据的准确性，选择均方误差(Mean Square Error，MSE)和平均绝对百分比误差(Mean Absolute Percent Error，MAPE)这两个统计量来进行误差分析。其中，*MSE* 是检测测量值与真实值之间的偏差，可以评价数据的变化程度，*MSE* 的值越小，说明实验数据具有更好的精确度；*MAPE* 则是对测量方法精度的一种度量，计算式见式(9-20)和式(9-21)。

$$V_{\mathrm{MSE}} = \frac{1}{B}\sum_{c=1}^{B}\left(\frac{A_c - F_c}{A_c}\right)^2 \tag{9-20}$$

$$V_{\mathrm{MAPE}} = \frac{1}{B}\sum_{c=1}^{B}\left|\frac{A_c - F_c}{A_c}\right| \tag{9-21}$$

式中　V_{MSE} ——均方误差值；

V_{MAPE} ——绝对百分比误差值；

A_c ——实际数据值；

F_c ——预测数据值；

B ——测量的样本数。

第 10 章

路面质量数据资产管理信息系统和平台

道路作为公共基础设施，是公路资产的重要组成部分，也是社会发展和经济建设的助推剂。1992 年，世界银行的分析报告指出，良好状况的道路设施与经济发展之间有着很好的相关性，道路交通设施维护和技术改造等方面的投资下滑会显著影响基础设施的状况和可用性，进而影响经济发展。路面管理系统是近 30 年来在道路工程学科中新兴的一个研究领域，起源于美国和加拿大，研究初期主要针对路面的养护和改建。随着我国经济建设的不断发展，我国的公路建设事业日新月异，尤其是在高速公路的建设方面取得了巨大成就。截至 2022 年年底，全国公路里程为 535.48 万 km，其中高速公路里程为 17.73 万 km，公路养护里程为 535.03 万 km，占公路里程的 99.9%。随着早期建成的公路逐渐进入病害爆发期，公路养护管理部门将面临集中养护、大修和改造的巨大压力，养护管理任务艰巨，路面养护和管理问题已经凸显。

“十四五”时期是抓好公路养护管理的重要战略机遇期，推动公路养护管理向高质量发展的基本要求是推动公路养护管理提质降本增效，基本路径是统筹推进设施数字化、养护专业化、管理现代化、运行高效化和服务优质化。公路管理部门应尽快建立路面管理系统，运用现代管理科学的理论、系统的分析方法和先进的信息技术，为路面的管养工作奠定广泛的数据基础、提供科学的分析方法，进而通过经济有效的管理、计划和资源分配决策，提供具有良好服务水平的路面，最终降低社会运作过程中的交通运输成本，节约社会资源。

10.1 概述

道路基础设施从投入使用伊始就进入了养护管理阶段。路面作为道路基础设施的重要组成部分，受到材料老化、交通荷载、自然环境等因素的共同作用，损坏程度随着时间的推移不断加深。为了延长路面的使用寿命，养护管理工作变得越发重要。近年来，世界各国普遍面临养护资金短缺的困境。因此，如何利用有限的资金，准确地评估既有路面设施的损坏状况、可视化地展示路面损坏的数据要素、科学地预测未来损坏的发展趋势、合理地制订养护管理方案、效益最大化地开展养护维修工作成为路面养护管理亟待思考和解决的问题。“以人为主”的传统养护管理方式显然无法满足当前的养护需求。在此背景下，路面管理系统应运而生，且逐渐发展成为道路设施养护管理的关键技术手段，成为公路资产管理的有力工具，在世界许多国家得到了广泛应用。

道路资产管理工作主要包括管理目标、管理策略、设施规划、施工建设、养护管理、技术监测、评价、预测和研究等内容。目前，国际上对道路资产管理系统（Road Asset Management System，RAMS）并没有一个公认严格的定义。道路资产管理系统的一般定义：广泛地存储和积累不同时空下的道路资产信息，综合考虑技术、资金、社会、政治、环境等影响因素，采用系统分析的方法，协调管理道路各项设施资产及衍生数据信息；为决策者提供养护管理和决策分析的工具和方法，协助决策者制订养护管理方案，定量预估方案成本和效用，在预定约束条件下选择最佳方案。道路资产管理与传统的交通设施管理不同，它体现了一种全新的道路资产管理理念，主要表现在以下几个方面：

(1) 道路资产管理是一门技术哲学。从战略上长期考核交通设施的性能、交通资金的利用，并从全局性、长远性、多方位角度考虑交通资产的配置。它与国家的政策方针和目标息息相关，其实施依赖于对交通设施性能以及未来交通资金决策的系统评估，是一个基于资产性能的目标驱使过程。

(2) 道路资产管理是多个过程的管理。它涉及多种交通设施的管理过程，例如公路交通设施的发展规划，工程项目的计划编制、计划分解，养护计划的编排，资金、劳动力、土地、设备、材料、信息等资源配置的决策等。

(3) 道路资产管理是一系列的技术手段。道路资产管理依赖于系统对信息（各类数据）的有效分析能力。准确、完整、及时地获取公路交通设施信息是道路资产管理的基础。因此，信息获取技术是道路资产管理系统不可缺少的部分，例如各种交通设施信息自动采集技术被广泛地应用在道路资产管理系统中。

路面管理系统（Pavement Management System，PMS）是道路资产管理系统的重要组成部分。实际上，对路面管理系统的概念也没有一个公认严格的定义，一般认为路面管理系统是一种以计算机为工具的路面管理技术，是一套用于收集、分析、维护和报告路面数据的既定程序，以帮助决策者找到在给定时间内以最小成本维持路面在可用状态的最佳策略。值得注意的是，虽然路面管理系统可以为可选决策的效益和结果提供参考，但是路面管理系统并非决策者，管理者负责最终的决策。路面管理系统通常具备数据存储管理、技术评价、技术预测、方案制订、决策分析、论证投资、技术政策分析等功能。其中，数据存储管理是路面管理系统的基础，数据信息中蕴含的变化规律直接反映了路面设施的变化规律，是管理者掌握设施现状、预测发展趋势、决策养护方案的关键抓手。方案制订和决策分析通常需要参考技术评价和技术预测。客观的技术评价可用于掌握路面设施现状，是方案制订和决策分析的基础。技术预测则被用于揭示未来路面设施状况的演变规律，其准确与否将直接影响决策结果。基于路面设施的现状评定及对未来状况的预测结果，系统将制订出可行的方案，而从技术、经济、社会等多个角度对方案进行决策分析和论证投资，则可寻求最佳的养护管理方案，以便使有限的资金发挥最大的经济和社会效益。随着数据的积累、模型的更迭和技术的创新，系统可对技术政策等宏观层面的顶层设计进行更加深入的分析、研究和探索。路面管理系统的建立过程主要包含以下内容：问题的结构化，过程的概念化，指标的模型化，分析的定量化，方案的定制化，策略的最优化，系统的开发、集成和应用，运维服务，问题反馈和系统优化等。

10.2 路面管理系统的发展历程

20 世纪 50 年代后期，美国国家公路官员协会(American Association of State Highway Officials，AASHO)开展了有史以来规模最大的道路试验，这一举措极大地推动了路面结构设计与性能预测模型的发展和进步。1970 年，随着状态评估概念的不断发展，美国的哈斯和哈钦森提出了一个框架，全面描述了路面管理系统的主要要素，并提出了具体的实施建议。与此同时，关于路面特征和路面状况检测设备的研究也正徐徐开展，它改变了传统的人工路况调查方式，实现了在正常交通流速度下进行路面特征的快速无损检测。20 世纪 70 年代末和 80 年代初，第一批路面管理系统诞生，著名的例子如 PAVER、亚利桑那州路面管理系统(Arizona PMS)和华盛顿路面管理系统(Washington PMS)。同一时期，美国的哈斯和哈钦森以及德国的施穆克出版了第一批关于路面管理系统的书籍。1987 年开展的路面长期使用性能(Long-Term Pavement Performance，LTPP)项目为路面性能模型的校准和验证提供了全面的研究数据。1990 年以来，美国各州的道路管理机构一直采用来自加拿大的戴顿全面基础设施管理系统(Deighton's Total Infrastructure Management System，DTIMS)。1999 年和 2000 年，DTIMS 也作为德国和奥地利建设及应用路面管理系统的基础构件。在路面管理系统的发展过程中，系统衍生的一个重要应用是公路设计和养护(Highway Design and Maintenance，HDM)标准模型，该模型的研发经费由世界银行资助，基于国际上多项实地研究的结果分阶段研发完成。进入 21 世纪后，经过二十余年的发展，AgileAssets(Pavement Analyst)和 Deighton(DTIMS)成为全球领先的路面管理系统软件供应商。

路面管理系统是以计算机为基础的系统，具备存储、处理、分析和报告路面状况数据及路面管理数据的功能。计算机性能的不断提升对路面管理系统的概念、理论和实践应用的发展产生了重大影响。截至 2006 年，处理器的时钟速度呈现指数级增长趋势。2006 年以后，通过应用多核技术和并行处理技术，计算机的计算能力得到了进一步的提升。从英特尔(Intel Corporation)研发和生产的处理器产品来看，从 1993 年推出 Pentium 系列到 2018 年的 Coffee Lake 系列，以每秒浮点运算次数作为衡量标准，处理器的性能在 25 年内大约增长了 5 000 倍。此外，深入调查超级计算机的发展历程可以发现，类似的趋势特别是大规模并行计算机的处理器的数量已经从数百个增加到数百万个。

除了计算性能外，计算机的数据存储能力也经历了长足的发展，主要涉及主存设备(例如随机存取存储器)和辅存设备(例如硬盘驱动器)。其中,硬盘驱动器(Hard Disk Drives, HDD)的容量和数据传输速率不断增加,而访问时间、尺寸大小和单位存储空间的售价则不断下降。一个典型的大型道路网的路面状况调查通常会产生几百万条数据记录,占用几百兆字节的存储空间。但是,随着路面二维和三维检测技术的发展,大量的图像、视频和地理信息等也将成为路面管理系统的重要数据来源,这会进一步提升系统对数据存储和计算性能的需求。而新兴的云计算技术为路面管理系统提供了更好的操作平台,通过按需购买服务的方式,其为用户提供了近乎无限的存储空间,使数据维护、数据访问和信息共享变得更加便捷。

随着计算机硬件、性能和存储能力的不断发展,许多与管理科学相关的数学理论、算法模型和应用软件也在不断地演变和进步。其中,数据库管理系统、人工智能和并行计算的发展为路面管理系统的数据存储、管理、分析和优化提供了坚实的技术支撑。例如,在数据存储和管理方面,相比于传统的基于磁盘的管理系统,内存数据库管理系统(SAP HANA)在数据访问和处理速度方面得到了大幅提升。在数据分析和优化方面,具有高度并行结构的通用图形处理器(General-purpose Graphics Processing Unit, GPGPU)适用于向量和矩阵的代数计算、图像处理和数据挖掘。因此,GPU 与多核处理器可以极大地提高神经网络和遗传算法的运行效率,推动诸如并行元启发式算法等先进算法的研究和发展。

在过去的 30 年里,路面管理系统和计算机技术在发展中相互促进,又在促进中不断发展,均取得了巨大的、实质性的进步。

10.3　路面管理系统的内涵

路面是道路设施的重要组成部分,其质量状况与道路使用寿命、道路交通安全、出行舒适程度、道路营运费用等息息相关。路面管理系统是一个动态的优化管理系统,涉及路面管理所有领域的综合协调和事务处理,包含了对优化过程中各种属性、标准和约束的反馈。据不完全统计,路面建设投资占道路设施建设经费的 10%～30%。因此,应用高效的管理手段,从规划、建设、监测、养护等环节对路面资产实施全生命周期的管理,可以效益最大化地利用资金,并提供更好的出行服务,产生更大的社会效益和经济效益。

路面管理系统作为道路资产管理系统中的重要组成部分,其管理目标是利用有限的资源,使路面服役性能处于最佳服务水平或产生最大的经济效益。从实际管理工作内容来看,路面管理系统包含了设施规划、设计、施工、管理和养护等诸多方面的工作。从系统组成部分来看,国际上大多数关于路面管理系统的定义都包含了路面状况调查、路面信息数据库、分析方案、决策标准和实施程序这五个关键的组成部分。

(1) 路面状况调查是指路面状况检测和数据收集过程,它是路面管理系统的基础。目前的研究主要涉及推进或改进状况检测、数据收集和传输的技术手段。

(2) 路面信息数据库是路面管理系统的核心，用于存储路面几何参数、路面材料和等级信息、路面建设和养护信息、路面检测数据、路面使用性能状况、地理定位数据等信息，供用户操作以实现一定的功能。地理信息系统(Geography Information System, GIS)可以实现数据库信息的分析和可视化操作，因而在路面管理系统中得到了深入应用。二者结合不仅能够直观地展现路面设施的性能状况、技术评价、技术预测、检测数据等抽象信息，而且能够进一步反映路面管理系统与其他道路资产管理子系统间的相互作用关系。目前的研究主要集中在开发更强大的数据库和更好的用户交互界面，以获取更具成本效益的计算能力和存储性能。

(3) 分析方案是指以既定目标为前提，以有意义的方式解释数据的算法或模型。目前的研究主要集中在改进或探索全生命周期成本分析、优化算法和性能预测上。

(4) 决策标准是为指导路面管理而制定的规则。随着路面管理系统的发展，决策标准变得更加复杂，例如会考虑到诸如用户延误、车辆运营成本以及环境影响等因素。目前的研究主要集中在开发和完善适当的决策标准以及提高自动应用相关标准的能力。

(5) 实施程序是指将管理决策应用于路面设施的方法，通常被认为是一个政策或者流程的问题，大多不予深入研究。

路面管理系统通过应用系统分析的方法，综合考虑技术、经济、社会和政治等因素，协调各项路面管理工作，系统化路面管理流程，借助计算机信息技术进行路面设施的全生命周期管理，确定可接受服务水平下的养护资金金额，实现养护效益的最大化。

10.4 路面管理系统的组成

路面管理系统包含两个层次，分别是网络(或全局)级路面管理系统和项目(或本地)级路面管理系统。网络级路面管理系统将路面网络作为一个整体处理，通常涉及与网络范围规划、政策和预算相关的高层决策。项目级路面管理系统主要处理路面网络中较小的组成部分，通常涉及与条件相关的较低级别的决策、维护、重建和修复任务。例如，在此级别详细考虑特定项目的替代设计、施工、维护和修复活动。这可以通过比较几种设计备选方案的效益成本比并选择在项目的预计寿命内以最低的总成本提供所需效益的设计备选方案来实现。道路资产管理框架的关键组成部分包括使用过程中的实时监控及评价和数据库，具体到每一级的管理都必须考虑网级的融资、预算及机构政策，以及项目级的标准、规范、预算限制和环境约束等一系列没有控制作用的外部因素。一个综合全面的路面管理系统的组成如图 10-1 所示。

图 10-2 展示了两级路面管理系统框架中信息流的传递过程。首先，收集相关信息，并根据这些信息来分析可供选择的结果。考虑分析结果和一些非量化因素(例如，可能涉及政治和社会问题)，确定并执行决策。决策结果记录在数据库中并传递给其他管理层。

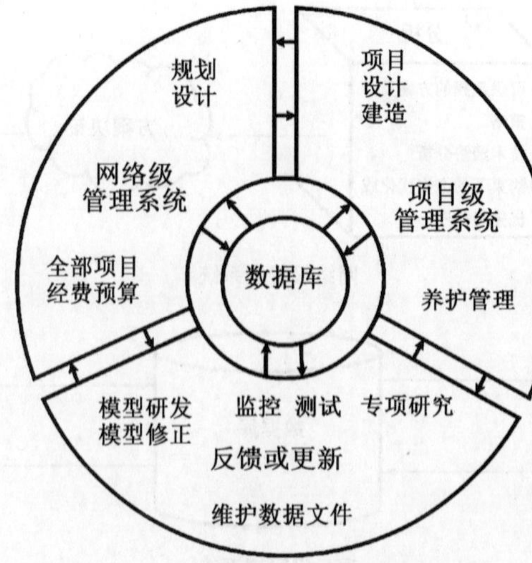

图 10-1　路面管理系统的系统组成

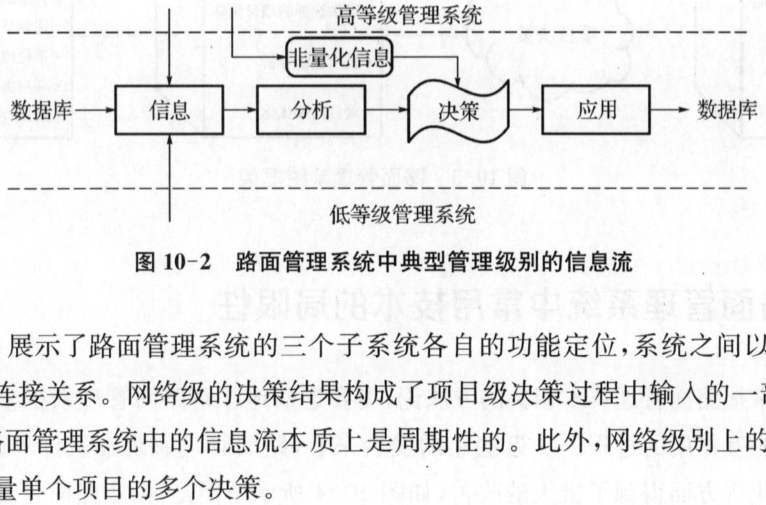

图 10-2　路面管理系统中典型管理级别的信息流

图 10-3 展示了路面管理系统的三个子系统各自的功能定位，系统之间以及系统与数据库之间的连接关系。网络级的决策结果构成了项目级决策过程中输入的一部分，反之亦然。因此，路面管理系统中的信息流本质上是周期性的。此外，网络级别上的一个决策通常会引发大量单个项目的多个决策。

总体来看，一个完善的路面管理系统应该包含一系列的技术和经济分析过程，以便考虑路面改善和维护的需求，并达成养护或重建方案。这些分析过程主要由以下三部分组成：

（1）基于数据库的数据信息，利用路面使用性能评价模型确定路网中各路段的路面基本状况，确定需要进行养护提升的候选路段。

（2）为路网中的待养护路段制订养护方案，预估路网养护需求，计算满足路网性能水平要求所需的最小养护资金数目。

（3）进行技术和经济分析，利用优化决策模型制订养护资金分配方案，分析不同资金分配方案对路网性能的提升水平，从而确定最佳的路面养护方案。

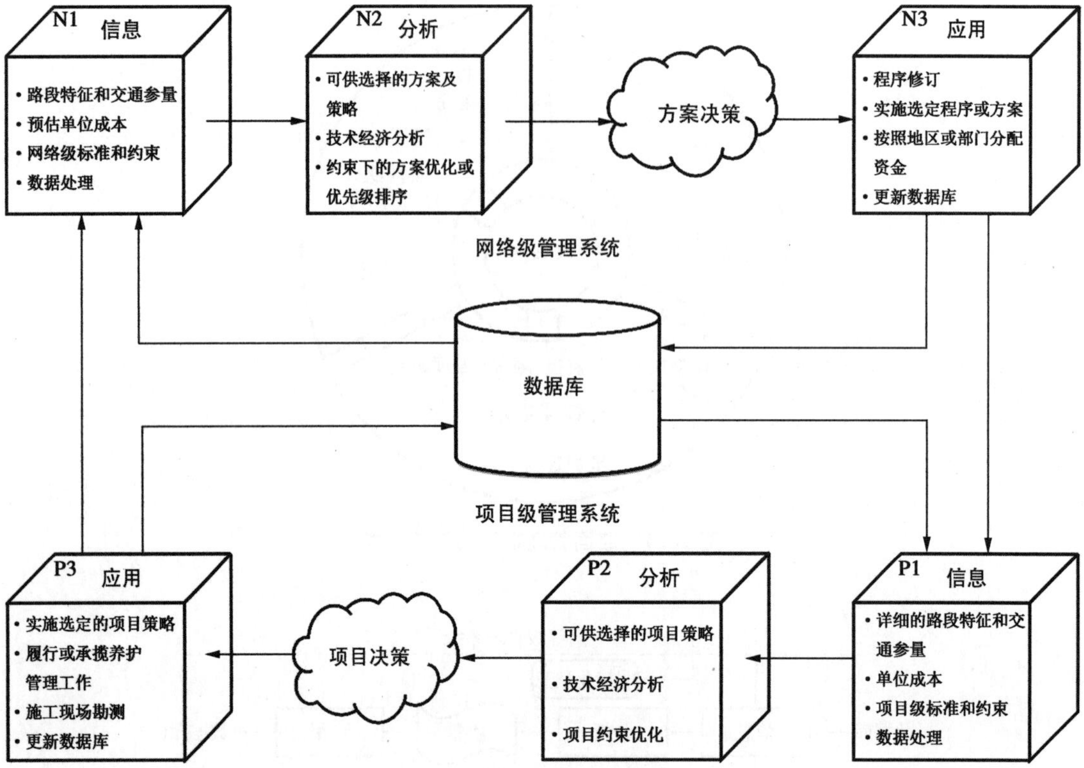

图 10-3　路面管理系统框架

10.5　路面管理系统中常用技术的局限性

系统地掌握路面管理技术相关的方法论，需要透彻地了解路面管理系统中各个组件以及它们之间相互作用的过程。从近些年的发展来看，路面管理系统在软件界面、用户交互和数据可视化等方面得到了极大的改善，如图 10-4 所示。但是，由于路面管理系统早期受限于计算机的计算和存储能力，对于路面状况的数据处理、数据分析、养护管理等方面的研究与应用在相关模型上都做了极大的算法简化，因此，目前的路面管理系统中常用的方法仍然存在局限性。

从整体来看，路面管理系统的局限性主要体现在两个方面：

(1) 一种方法、模型或者解决方案对路面养护管理的影响会贯穿整个优化和决策的过程。然而，目前大多数的研究都聚焦于系统中某个环节或某个要素去探索和研究新方法、新技术，缺少针对已有方法的系统性分析和比较。

(2) 路面技术状况评估、状态预测和优化一直是路面管理系统领域的研究焦点。由此，路面数据采集设备供应商和路面管理系统软件供应商各自占据和主导了领域内的部分商业市场。这样的市场运作模式带来的一些不足之处是：前者通常对于路面管理系统中不同的预测及优化方法的优缺点不甚了解，也不清楚如何才能最大限度地利用收集到的路面数据。后者则清楚地知道要实现路面管理系统中的一系列优化和决策功能需要何种类型和密度的路面数据，但其自身又不具备进行大规模路面状况调查的能力。近年来，路面数据采集技术得到了极大的发展，通过运用三维相机和激光雷达等技术实现了在正常车速下快速无损地获取路面三维数据的功能。然而，从数据类型、质量、密度等多方面来看，自动化路面状况调查提供的数据与管理系统实际使用的数据之间存在许多差异。这意味着路面数据采集和路面管理作为独立且互补的两个研究领域并没有进行广泛且深入的交流，在发展过程中呈现出步调不一致的现象。

(a) 路面检测数据的路网可视化

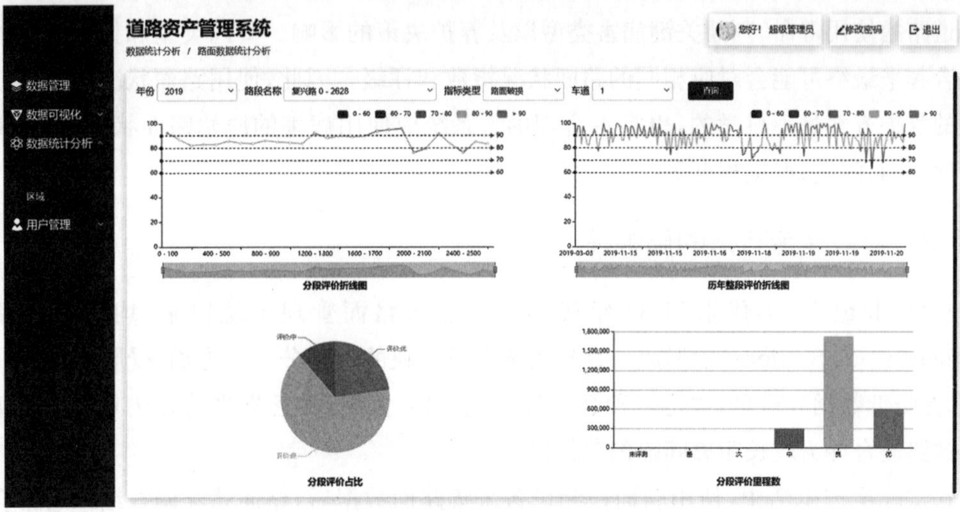

(b) 管理系统的统计分析功能

图 10-4　路面管理系统的软件界面、用户交互和数据可视化

10.5.1 路面状况检测与评价的局限性

从路面状况检测与评价的常用方法来看，其局限性主要体现在三个方面：

（1）不同国家采用了不同的检测路段长度和间隔、不同的路面病害分类标准，以及不同的检测设备和检测标准。

（2）部分线状病害采用基于面积和严重程度赋权的量化评价方式，影响了路面状况预测的准确性和处置方案选择的有效性。以裂缝为例，在奥地利，针对线性（纵向和横向）裂缝采用了将裂缝长度与影响宽度（0.5 m）相乘作为影响面积的评价方法，同时将严重程度作为加权因子考虑在内；在德国，某一路段的裂缝面积是通过计算有裂缝区域的网格数量来确定的，但不区分裂缝宽度和裂缝类型，其中一个网格的标准尺寸为 1 m×1 m；在中国，如果采用人工检测方式，线裂的面积计算方式与奥地利相似，影响宽度为 0.2 m，如果采用自动化检测方式，裂缝的面积计算方式则与德国相似，一个网格的标准尺寸为 0.1 m×0.1 m，同时为了区分不同的裂缝类型而赋予了不同的权重因子。

（3）路面状况评估方法主要采用加权评分系统等典型评级方法，系统可以根据病害的损坏范围和严重程度对不同病害类型进行组合以实现路段间的对比，例如路面状况指数（Pavement Condition Index，PCI）。通过使用评级函数或评级尺度，进一步将状况指数映射为无量纲的状况指数。在奥地利和德国，采用从 1 到 5 代表路面状况从非常好到非常差，瑞士则采用从 0 到 5，而中国将路面状况从优到差分为 5 个等级（表 2-1）。此外，这些状况等级也可以赋予色彩编码，在路网级别上展现路面的损坏状况[图 10-4(a)]。实际上，如果路面管理系统的主要目标是向决策者或者客户提供路面状况信息，那么目前的评估方法是满足需求的；然而，如果是以资产管理或路面生命周期成本计算框架中的最优决策为目标，则当前的评估方法存在一定的缺陷。比如，常见的路面管理系统忽略了预定义的评级阈值对预测道路的使用寿命、判断关键病害类型以及养护决策的影响。不同类型和损坏程度的病害组合起来最终可能会对应相同的路面状况指数和评级。因此，使用路面状况指数来获得最佳的养护方案是不科学的，也是不合理的。系统应使用病害的原始路面状况信息，例如病害的范围、深度、严重程度等。

10.5.2 路段聚合方法的局限性

自 20 世纪 70 年代末和 80 年代初首次引入路面管理系统以来，均质路况路段（Homogeneous Sections）的形成一直是系统不可或缺的一部分。一方面，受限于计算机的性能，为降低数据分析量，这是一种必要的简化；另一方面，缺乏先进的方法来将较短距离间隔的路段合并为较长距离间隔的工作区。

在实际生产生活中，使用路面检测设备采集路面数据后，路面状况调查结果通常会采用较短的距离间隔进行展示与输出。但是，在路面管理系统的养护和维修（Maintenance and Rehabilitation，M&R）功能模块中，路面状况调查数据需进一步聚合为距离间隔更长的均质路况路段以减少数据分析量，从而针对具有不同养护需求的路段提出合理的维修措施，降低养护成本，提高养护效率。在进行路段聚合操作时，通常会基于道路的路面状况、结构、交通量等参数间的相似性，使用累积差分或者贝叶斯分割方法来实现养护路段间的组合。

近年来，许多研究工作主要集中在开发和改进现有道路分段聚合的算法和模型方面。然而，不同的算法不仅会输出不同的路段组合，而且同一算法在多次路面状况调查后也会产生不同的均质路段组合。因此，路段聚合在路面状况预测和 M&R 优化过程中存在较大的局限性，主要体现在以下四个方面：

(1) 路段聚合会丢失大量自动化路面采集装置收集的高质量路面状况数据信息，从而损失数据的精度和分辨率。

(2) 均质路况路段的动态组合不利于从历史检测数据中推导项目级的路面性能模型，打破了给定路段状态数据在时间序列上的一致性。

(3) 错误地预测路面使用寿命及错误地估计路面损坏致因，进而影响 M&R 的决策，例如养护时机和养护方式等。

(4) 由于确定 M&R 的工作区域在经济分析之前，所以养护区域的选择会影响 M&R 方案的选择空间以及方案的优化潜力。

10.5.3　路面性能预测模型的局限性

1. 确定型路面性能预测模型

除了由于聚类均质路况路段引入的平均误差外，一般的路面管理系统中的路面性能预测模型存在的方法论缺陷会进一步引入误差。例如，有的路面管理系统通过对路段进行网络层面的回归分析来推导出每种病害类型的确定性经验条件函数。当进行分段路况预测时，基于最近一次的路面检测数据，进一步对函数进行移位或缩放。但是，该方法在实际应用中存在一定的局限性，主要体现在以下三个方面：

(1) 忽略了历史路况信息，仅仅参考最近一次的路面检测数据对函数进行移位或缩放，这样容易引入误差，且不适用于中、长期的路况预测。

(2) 忽略了解释变量的相关性和异质性，多个回归模型会存在多重共线性的情况，导致对路况影响因素进行了有偏参数估计。

(3) 一般模型在建模过程中没有进行数据的删失操作，也没有考虑路面性能退化之后病害的相关性和随机性。

未来，应进一步考虑更先进的统计分析技术，例如路段级别的回归分析(Regression Analysis)、生存分析(Survival Analysis)和面板数据模型(Panel Data Models)等，能够在一定程度上尽可能地避免上述限制。

2. 概率型路面性能预测模型

通过上述分析，可以发现确定型预测模型存在一定的方法缺陷。因此，许多的系统厂商和研究人员致力于马尔可夫链模型在路面管理系统中的应用。一方面，马尔可夫链模型中转移概率的概念比较容易理解；另一方面，马尔可夫链模型的标定对路面状况数据及其影响因素的要求较低。此外，马尔可夫链模型可以为 M&R 的决策建模提供一个基础框架，由此产生的决策优化问题可以使用动态规划类问题的标准技术加以解决。但是，马尔可夫链模型在方法论上也表现出一些不足，主要体现在以下五个方面：

(1) 忽略了路面性能和养护维修的历史数据，未来路面退化的预测仅仅取决于当前的路面状况信息。

(2) 采用恒定的转移概率却忽略了道路的服役年限、交通荷载等因素造成的持续退化。

(3) 离散模型使得连续的路面状况数据存在失真现象。对于连续的路面状况预测，路面状况的数据量会影响状态转移矩阵的计算和路面服役年限的估计，进而引入偏差，影响预测结果。

(4) 不能针对特定路段进行状况预测，限制了项目级路面管理系统的应用。

(5) 忽略了数据删失和路面病害间的相关性。

10.5.4 路面养护优化方法的局限性

目前，许多先进的路面管理系统仍依赖于单目标的 M&R 优化。最为常见的两个优化目标分别是：最小化代理成本(或用户成本)和最大化养护效益。近 30 年来，养护效益最大化一直是许多路面管理系统的核心组成要素。

养护效益一般定义为不进行养护维修和养护维修后的路面状况综合指标表示的路面性能曲线之间的区域面积。可以看到，养护效益是通过应用特定的 M&R 策略来提升路面性能状况进而获得效益，其主体是路面的性能状况，是非货币的利益。大范围地实施路面养护维护可以提高养护效益，但也意味着更高的预算成本。由于基于养护效益最大化的 M&R 策略可能会忽略实际的路面退化致因和服役年限预测，导致路面管理系统会倾向于选择提前进行高昂的、主要的但非必要的养护维修措施。因此，使用基于路面状况综合指标的最大化养护效益作为 M&R 决策依据的局限性主要体现在以下四个方面：

(1) 网络级的 M&R 决策通常仅以代理成本为约束，以最大限度地提高养护效益为目标，但可能会极大地增加养护成本。

(2) 为了最大限度地提高养护效益，系统会提前养护时机和优先选择高昂的路面养护维修方案，而忽视了路面的实际性能状况和服役年限。虽然带来更大的效益，但也导致更加频繁的养护和维修。

(3) 提高了年度代理成本，降低了养护资金的使用效率，在养护预算紧张的情况下，极易造成养护维修工作的积压与滞后。

(4) 路面状况综合指标中各个病害的权重会影响项目级 M&R 策略的最优化决策。

未来在路面养护决策时，能以路网为基本单元，从养护效益费用、路网养护规划、路网道路状况、路网交通分配等方面进行综合分析，制订多变量和多目标的最优化养护方案，如

图 10-5 所示。

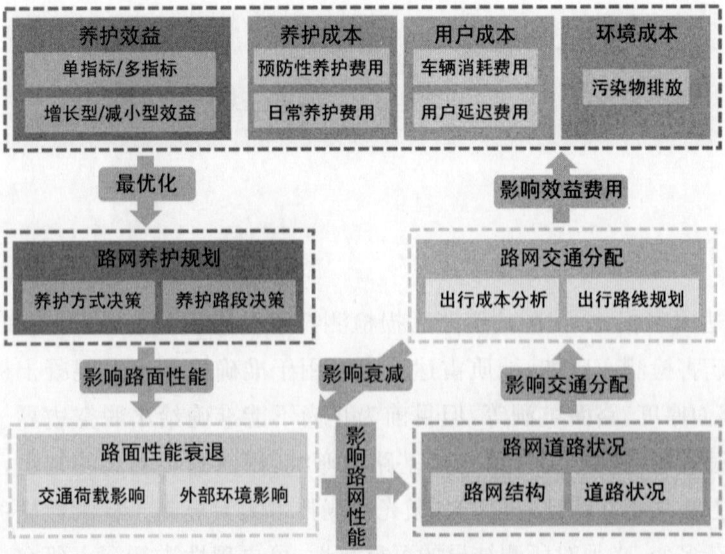

图 10-5　路网级道路养护决策

结　语

与国外发达国家相比，我国的道路无损检测技术发展相对落后，目前尚不能单独用于高精度的隐形病害检测。比如，地质雷达技术可用于准确检测水泥混凝土板的脱空、桥面铺装层剥离、路面厚度、路面坑洞等，但目前为止尚不能准确给出脱空边界、路面隐形裂缝等；又比如，落锤式弯沉仪可用于评定路基路面弯沉、桥面铺装剥离的判定，但往往需要采用不同的检测方法来相互印证；再比如，激光检测技术大大提高了检测数据的精度，但是由于路面状况复杂多变，必须对所测结果的可重复性、可再现性进行深入研究，欧美国家进行过较大规模的可重复性和可再现性研究，并在其所使用的设备类型和品牌之间建立了相关关系，目前在我国使用的激光断面仪有多种品牌，但还没有进行过再现性研究。

路面养护维修的关键在于对其路用性能进行准确测量和评估。随着感知元件技术的发展，体积小、精度高、成本低、用途广的感知元件越来越多地被用于路面信息感知。此外，湿度、应力、应变等多种类的传感器在路面信息获取中发挥了重要作用。但目前传感硬件技术在精度、敏感性方面仍存在不足，由于路面耐久性不足，埋设的传感器容易发生损坏，故降低了使用可靠性，导致监测数据使用效率低、信息整合度不高，且数据挖掘还不够深入。随着科技的进步，传感器将向微小型化、系统化、智能化方向发展，为路面检测与监测提供更为有力的技术保障。

目前，人们在路面病害智能识别技术方面的研究已取得了丰硕成果，但病害智能识别技术大多只能识别出单一类型的病害，尚待开发具备多种病害识别能力的一体机。公路属于跨地域的带状构造物，路面病害从发生到发展是一个跨时域的过程，目前实现全过程路面智能检测的技术鲜有报道。随着微传感技术、高清图像技术、北斗定位系统和计算机技术等飞速发展，未来有望开发出病害智能识别一体机来对全过程路面病害进行监测，深入路面材料结构内部，对病害的源头进行直观表征，为路面材料优化设计提供科学依据。

人工智能方法和大数据分析手段已被广泛应用于路面养护决策，从而实现对道路病害识别、道路服役性能评价、道路养护策略优化等领域进行全自动的高效分析，深入挖掘各种监测数据之间的内在关系，统计、分析、预测道路服役性能和服役寿命，为路面养护决策提供更好的辅助服务。当前普遍利用神经网络、机器学习等人工智能技术建立路面病害识别模型，但需要大量格式统一、高质量、开放性的检测和监测数据库来提供训练样本，同时，也需要开发适合行业特点的路面养护小数据集深度学习算法、适用于现场养护的通用型快速智能学习算法和平台等，以便更好地支撑、服务交通强国背景下的路面智能养护。

未来，路面检测技术及设备会向高精度、快速高效、测试安全、操作便捷的方向发展。由于自动化检测是以车为载体，因此需要很好地解决行车带来的诸多问题：①去噪处理；②去除车辆在行驶过程中由振动引起的姿态变化对数据真实性的影响；③提高检测技术的处理效率，增强检测的实时性；④软件部分后处理功能强大，对诸如破损种类的识别更丰富、更准确；⑤提高检测技术应对复杂场景的能力，针对天气、路况、车辆等复杂因素叠加的道路场景建立更加精确的检测模型；⑥对于同一个指标可以综合多种检测技术来提高检测精度；⑦测试装置功能集成以实现检测参数相同的多个指标的同时检测。

参考文献

[1] 中华人民共和国交通运输部. 公路技术状况评定标准：JTG 5210—2018[S]. 北京：人民交通出版社,2019.

[2] 江苏省交通运输厅公路局,公路养护技术国家工程研究中心,中公高科养护科技股份有限公司. 江苏省农村公路技术状况评定标准(试行稿)[EB/OL]. [2023-03-08]. https://www. renrendoc. com/paper/122434581. html.

[3] 中华人民共和国住房和城乡建设部. 城镇道路养护技术规范：CJJ 36—2016[S]. 北京：中国建筑工业出版社,2017.

[4] 严作人,陈雨人,张宏超. 道路工程[M]. 北京：人民交通出版社,2011.

[5] Sayers M W, Karamihas S M. The little Book of Profiling Basic Information about measuring and interpreting road profiles[R]. ARRB,1998.

[6] 陆键,李俊,赵吉光,等. 路面平整度评价体系及其工程应用研究报告[R]. [S. l.]：[s. n.],2005.

[7] 中华人民共和国交通部. 公路工程名词术语：JTJ 002—1987[S]. 北京：中国标准出版社,1988.

[8] American Society of Testing Materials (ASTM). Ter-minology relating to traveled surface characteristics annual book of ASTM Standards[R]. West Conshohocken,1999.

[9] 李颜颜. 浅析市政道路路基施工质量控制[J]. 建材发展导向,2021,19(12)：191-192.

[10] 张栋. 基于路面实测值建立沥青路面平整度数学模型[D]. 重庆：重庆交通大学,2011.

[11] 许翠云. 车载激光平整度仪的设计与实现[D]. 南京：南京理工大学,2012.

[12] 盛灿花. 路面平整度特性研究[D]. 长沙：湖南大学,2005.

[13] 孟琳. 面向路面平整度性能的智能手机加速度传感器信号分析与应用[D]. 南京：东南大学 2018.

[14] 刘治龙. 郑少高速公路改性沥青路面平整度控制技术研究[D]. 长沙：长沙理工大学,2007.

[15] 马蓉蓉. 基于加权纵断面的路面平整度评价方法研究[D]. 南京：东南大学,2015.

[16] 蔚晓丹. 国际平整度指数 IRI 作为路面平整度评价指标的研究[J]. 公路交通科技,1999(A1)：9-13.

[17] 赵金云,汪洁. 公路检测工程检测技术[M]. 北京：北京理工大学出版社,2011.

[18] 李丽民,冯浩雄,肖明. 道路工程[M]. 北京：北京理工大学出版社,2017.

[19] 中华人民共和国交通运输部. 公路路面技术状况自动化检测规程：JTG/T E61—2014[S]. 北京：人民交通出版社,2014.

[20] 中华人民共和国交通运输部. 公路路基路面现场测试规程：JTG 3450—2019[S]. 北京：人民交通出版社,2020.

[21] 上海普勒斯道路交通技术有限公司[EB/OL]. [2023-02-11]. www. shanghai-pres. com/.

[22] British Standards Institution(BSI). Characterization of pavement texture by use of surface profiles Part3: Specification and classification of profilometers: ISO 13473-3[S]. [S. l.]: [s. n.],2002.

[23] Wambold J C, Antle C E, Henry J J, et al. International PINRC experiment to compare and harmonize texture and skid resistance measurements[M]. [S. l.]: PIARC,1994: 699-701.

[24] British Standards Institution(BSI). Characterization of pavement texture by use of surface profiles Part1: Determination of mean profile depth: ISO 13473-1[S]. [S. l.]: [s. n.],2004.

[25] British Standards Institution(BSI). Characterization of pavement texture by use of surface profiles Part1: Terminology and basic requirements related to pavement texture profile analysis: ISO 13473-2 [S]. [S. l.]: [s. n.],2002.

[26] 刘清泉. 路面防滑机理与应用研究[D]. 南京: 东南大学,2000.

[27] Goodwin L C. Analysis of weather-related crashed on U. S. highways[R]. Mitretek Systems, Inc. December, 2002.

[28] Kim H B, Lee S W, Lee K H, et al. Measurement of texture depth of pavement using potable laser profiler[C]//Proceedings of the Eastern Asia Society for Transportation Studies, 2013.

[29] Vaiana R, Capiluppi G F, Gallell V, et al. Pavement surface performances evolution: an experimental application[J]. Procedia-Social and Behavioral Sciences, 2012,53: 1149-1160.

[30] Freitas E F, Pereira P A A, Antunes M L, et al. Analysis of test methods for texture depth evaluation applied in Portugal[C]//Proceedings of the Seminário Avaliação Das Características De Superfície Dos Pavimentos,2008.

[31] Sengoz B, Topal A, Tanyel S. Comparison of pavement surface texture determination by sand patch test and 3D laser scanning[J]. Periodica Polytechnica Civil Engineering, 2012, 56(1) : 73-78.

[32] Fisco N, Sezen H. Comparison of surface macrotexture measurement methods[J]. Journal of Civil Engineering and Management, 2013, 19: 153-160.

[33] Flintsch G, Al-Qadi I L, Davis R, et al. Effect of HMA properties on pavement surface characteristics[C]//Proceedings of the Pavement Evaluation Conference, 2002.

[34] Xiao Y, Van de Ven M F C, Molenaar A A A, et al. Surface texture of antiskid surface layers used on runways[C]//Proceedings of the Transportation Research Board Annual Meeting, 2011.

[35] 李中杰. 基于路面跳车检测技术的研究[J]. 中小企业管理与科技,2019(23): 183-184.

[36] 赵可成,徐志枢,朱益军,等. 路面磨耗指数 PWI 在高速公路养护中的应用[C]//中国公路学会养护与管理分会第十届学术年会论文集,2020.

[37] 杨国峰,王浩仰,潘玉利. 基于多线纹理的路面磨耗检测及评价方法[J]. 中国公路学报,2016,29(3): 35-40.

[38] 覃辉,唐平英,余代俊. 土木工程测量[M]. 2 版. 上海: 同济大学出版社,2005.

[39] 王健,田桂娥,吴长悦,等. 道路工程测量[M]. 武汉: 武汉大学出版社,2015.

[40] 吴军营. 高速公路车辙原因分析和治理措施[J]. 科技风,2010(15): 141.

[41] 高立广,尤光辉. 沥青混凝土路面车辙病害分析及防治措施研究[J]. 公路交通科技(应用技术版), 2010,6(2): 31-33.

[42] 张磊. 基于线激光的道路车辙检测方法研究[D]. 西安: 长安大学,2015.

[43] 司永伟. 集成式多点激光路面车辙检测技术研究[D]. 西安：长安大学，2018.

[44] 孙立军. 沥青路面结构行为学[M]. 上海：同济大学出版社，2013.

[45] 王春堂，郗忠梅，张晓. 城市道路工程检修与维护[M]. 北京：化学工业出版社，2017.

[46] 黄晓明，张晓冰，邓学钧. 沥青路面车辙形成规律环道试验研究[J]. 东南大学学报（自然科学版），2000，30(5)：96-101.

[47] Serigos P A, Prozzi J A, de Fortier S. A, et al. Evaluation of 3D automated systems for the measurement of pavement surface cracking[J]. Journal of Transportation Engineering, 2016, 142(6): 1-8.

[48] 周明华，王晓，毕佳，等. 土木工程结构试验与检测. [M]. 南京：东南大学出版社，2013.

[49] 王连威，肖昆. 公路工程检测实训指导. [M]. 北京：北京理工大学出版社，2009.

[50] 马建，赵祥模，贺拴海，等. 路面检测技术综述[J]. 交通运输工程学报，2017，17(5)：121-137.

[51] 李清泉，雷波，毛庆洲，等. 利用激光三角法进行快速车辙检测[J]. 武汉大学学报（信息科学版），2010，35(3)：302-307.

[52] Mallela R, Wang H. Harmonising Automated Rut Depth Measurements — Stage 2[R]. [S. l.]: ARRB, 2006.

[53] 马荣贵，沙爱民，宋宏勋. 路面车辙多路传感器检测误差分析[J]. 长安大学学报（自然科学版），2007，27(3)：34-36.

[54] Tsai Yichang, Wang Zhaohua, Li Feng. Assessment of rut depth measurement accuracy of 40 point-based rut bar systems using emerging 3d line laser imaging 41 technology[J]. Journal of Marine Science & Technology, 2015, 23(3): 322-330.

[55] Huang Yaxiong, Copenhaver T, Hempe P. Texas department of transportation 3d transverse profiling system for high-speed rut measurement[J]. Journal of Infrastructure Systems, 2013, 19(2): 221-230.

[56] 彭博，WANG K C P，陈成，等. 基于 1 mm 精度路面三维图像的裂缝种子自动识别算法[J]. 中国公路学报，2014，27(12)：23-32.

[57] 郭鑫鑫，惠冰. 基于三维线激光技术的多点激光车辙检测误差分析[J]. 筑路机械与施工机械化，2016，33(9)：113-118.

[58] 窦光武. 非接触式路面构造深度量值溯源技术[J]. 长安大学学报（自然科学版），2014，34(6)：70-78.

[59] 李少斌. MLS - 13PTR 多功能激光路面检测仪检测指标的相关性研究[D]. 长沙：长沙理工大学，2013.

[60] 郎洪，陆键，陈圣迪，等. 考虑病害三维特征的沥青路面车辙异常检验方法[J]. 东南大学学报（自然科学版），2020，50(3)：454-462.

[61] 中华人民共和国交通运输部. 公路路面技术状况自动化检测规程：JTG/T E61—2014[S]. 北京：人民交通出版社，2014.

[62] Huang Jianping, Liu Wanyu, Sun Xiaoming. A pavement crack detection method combining 2d with 3d information based on dempster — shafer theory[J]. Computer-Aided Civil and Infrastructure Engineering, 2014, 29(4): 299-313.

[63] Serigos P A, Prozzi J A, De Fortier Smit A, et al. Evaluation of 3D automatedsystems for the

measurement of pavement surface cracking[J]. Journal of Transportation Engineering，2016，142(6)：05016003.

[64] Zhang Dejin，Li Qingquan. A Review of Pavement High Speed Detection Technology[J]. Journal of Geomatics，2015，40(1)，1-8.

[65] 欧美大地. 多功能道路检测车 ARAN[EB/OL]. [2023-02-18]. https://www.epccn.com/pro_view-2626.html.

[66] Hou Zhiqiong，Williams S，Wang K C P. Precision test of cracking surveys with the automated distress analyzer[J]. Journal of Transportation Engineering，2011，137(8)：571-579.

[67] ARRB. Hawkeye2000[EB/OL]. [2023-03-07]. https://arrbsystems.com/solution/hawkeye-2000/.

[68] 中公高科养护科技股份有限公司. 路况快速检测系统(CiCS II)[EB/OL]. [2023-04-10]. https://www.roadmaint.com/product/124.html.

[69] 胡跃军，谈至明，柳正华，等. 宁波地区公路桥头引道的不均匀沉降规律[J]. 公路，2003，48(12)：68-70.

[70] 张洪亮. 路桥过渡段车路动力学分析及容许差异沉降研究[D]. 西安：长安大学，2003.

[71] 高志伟. 基于行驶平顺性的公路软基过渡段均衡沉降控制研究[D]. 西安：长安大学，2012.

[72] 贾瑞雨. 基于行车舒适性的高速公路沉降评价和扩建纵面设计研究[D]. 杭州：浙江大学，2016.

[73] 韩武松. 3 m 直尺在路基路面工程中的应用与存在问题[J]. 黑龙江交通科技，2011(8)：112-113.

[74] 崔梦璇，赵冉. 浅析桥头跳车沉降差检测方法[J]. 建筑工程技术与设计，2015(22)：874.

[75] International Organization for Standardization (ISO). Mechanical vibration and shock-evaluation of human exposure to whole-body vibration Part 1：General requirement：ISO 2631-1[S]. Switzerland：[s.n.]，1997.

[76] 中华人民共和国国家质量监督检验检疫总局，中国国家标准化管理委员会. 汽车平顺性试验方法：GB/T 4970—2009[S]. 北京：中国标准出版社，2010.

[77] 刘国杰，孟建党，陈景星. 桥头跳车量化判别和处理[J]. 中国公路，2009(7)：62-64.

[78] 宁波市综合行政执法局(市城管局). 宁波市城市桥梁"桥头跳车"专项处治技术导则(试行)[Z]. 宁波市市政管理处，收文 06，第 149 号，2018.

[79] 冯忠居，方贻立，龚坚城，等. 高等级公路桥头跳车的危害及其机理的分析[J]. 西安公路交通大学学报，1999(4)：33-35.

[80] Chromasens. 3DPIXA：Limitations of block-matching algorithms on depth reconstruction [EB/OL]. [2023-02-20]. https://chromasens.de/sites/default/files/whitepaper_-_3dpixa_block_matching_artefacts_on_depth_estimation.pdf.

[81] 任久斌. 基于双目立体视觉的三维重建技术研究[D]. 成都：西南交通大学，2020.

[82] 杨旭. 激光雷达点云数据的滤波和分割处理[D]. 哈尔滨：哈尔滨工业大学，2020.

[83] 王健，陈政，张华良. 三维点云数据的预处理研究[J]科学技术创新，2021(22)：115-118.

[84] 晁莹. 基于区域分割的三维点云模型骨架提取算法研究[D]. 西安：西北大学，2017.

[85] 全国交通工程设施(公路)标准化技术委员会. 车载式路面损坏视频检测系统：JT/T 678—2019[S]. 北京：人民交通出版社，2019.

[86] 中华人民共和国交通运输部. 车载式路面损坏视频检测系统：JJG(交通)077—2015[S]. 北京：人民

交通出版社，2015.
[87] 中华人民共和国交通运输部. 车载式路面激光平整度仪：JT/T 676—2009[S]. 北京：人民交通出版社，2009.
[88] 中华人民共和国交通运输部. 车载式路面激光平整度仪检定规程：JJG(交通)075—2010[S]. 北京：人民交通出版社，2010.
[89] 中华人民共和国交通运输部. 公路路基路面现场测试规程：JTG 3450—2019[S]. 北京：人民交通出版社，2020.
[90] 中华人民共和国交通运输部. 车载式路面激光构造深度仪：JJG(交通)112—2012[S]. 北京：人民交通出版社，2013.
[91] 交通运输部公路科学研究院，北京市中科盈恒科技有限公司. 车载式路面激光构造深度仪：JT/T 840—2012[S]. [S. l.]：[s. n.]，2013.
[92] 中华人民共和国交通运输部. 车载式路面激光车辙仪：JJG(交通)076—2010[S]. 北京：人民交通出版社，2010.
[93] 中华人民共和国交通运输部. 车载式路面激光车辙仪：JT/T 677—2009[S]. 北京：人民交通出版社，2009.
[94] 全国交通工程设施(公路)标准化技术委员会. 多功能路况快速检测设备：GB/T 26764—2011[S]. 北京：中国标准出版社，2011.
[95] 李宝. 三维点云的鲁棒处理技术研究[D]. 长沙：国防科学技术大学，2011.